朝礼ざんまい

人財が育つ、成果が上がる

安達晴彦

GENTOSHA

朝礼ざんまい　人財が育つ、成果が上がる

目次

第1章

万年最下位の店舗が、たった2ヵ月で首位になった理由

第2章

声に出した目標は、必ず達成できる

第3章

「感謝」すれば心も懐も豊かになる

第4章
地域密着ビジネスを成功させるトレーニング

装幀／石川 直美（カメガイ デザイン オフィス）
協力／片桐 明、今給黎 勝
ＤＴＰ／美創
カバーイラスト／Alev Bagater/Shutterstock.com

第1章

万年最下位の店舗が、たった2ヵ月で首位になった理由

◎第1話 現在、本気で社長修業中！

私が父親の会社（安達《あだち》住設）に入ったのは、1992年。27歳の時です。それから19年。専務取締役を経て代表取締役になったのは2011年、46歳。代表者になった年齢は決して早いとは言えませんが、19年間、経営実務の実質的責任者として、役割を担ってきました。

これまでに色々な経営者、後継経営者とのご縁を頂いて参りましたが、僭越《せんえつ》ながら周りには私の理想とする経営者はいません。

もちろん私自身も到底、理想の社長とは言えません。

それどころかある意味、スタッフ（後述しますが、当社では社員と呼ばずスタッフと読んでいます）には申し訳ないのですが、自分を社長であると思ったことは一度もないのです。

正直に言えば、代表取締役という立場を与えて頂いて、修業させてもらっていると思っています。

理想とする社長がいない以上、自分自身で追求していかないといけないのですが、こんな社長にはなりたくない、カッコ悪いという社長像はあります。

それは社内では「俺は社長だ」とふんぞり返り、社員に対して人格を軽視し、まるでモノでも扱うように**指示したり、言いつけたりし、対外的にも偉そうにする社長**です。

そんな社長にだけは、なりたくありません。

極端な例かも知れませんが、私の知っている社長で、とにかく負けず嫌い、しかし臆病で、ゴルフに行く時には、自分の乗る車の前後にまるで護衛のように車を伴走させ、遠くで雷鳴が聞こえただけで、雷が近づく様子もないのに、メンバーのことも気にせず、プレイを中断する。お風呂に入る時は自分の服を下着まで社員、それも部長クラスの人に脱がさせ、風呂場では体を洗い流させるような社長がいました。

まるで社員は召し使いです。

社長のこの姿を見れば、私でなくても多くの人が眉《まゆ》をひそめて、不快に思うことでしょう。

一緒にいることが本当に恥ずかしかったです。

社員は召し使いではありませんし、「人材」と書くような材料でもなければ、コマでもありません。

経営において、会社運営において、とても大切な財《たから》ですから「人財」です。

私が5年前に代表取締役になってすぐ、初めて融資申込の書類にサインをしなければならなかった時は、正直、緊張して手が上手く動きませんでした。

もちろん、個人で弁済できるような金額ではありません。

専務という立場とは雲泥の差です。しかもオーナー会社です。

代表取締役という立場の責任の重さをリアルに感じた最初の瞬間でした。


世の中には「ウチの社員は」とか「景気さえ上向けば」と愚痴をこぼす社長はたくさんいます。

また逆に**業績が良ければ「俺はすごい」と言わんばかりに、偉そうにする社長**もたくさんいます。

どちらもピンときません。正直、カッコ悪いと思います。


私が生まれ育った京都府京丹後《きょうたんご》市は昔はそれはそれは丹後ちりめんで栄えた地

方ですが、今では見る影もありません。

昔は一歩、外へ出れば機《はた》を織る音が聞こえたものですが、今では耳にすることはありません。

素人目《しろうとめ》に見ても、洋服が多くなったこの時代、丹後ちりめんが今後もそのまま栄えるとは到底、思えなかったのに、次なる展開ができず、ほとんどの会社が廃業を余儀なくされました。

それは丹後地域にとって、とても大きな損失になりました。

それを間近で見てきたからこそ、私は**柔軟な心を持って、今求められるものをビジネスとして取り入れよう**と考えました。

新規事業への進出です。しかし、新規事業はたやすくできるものではありません。

後で語りますがなかなか軌道に乗らず、無力感にさいなまれた時期もありました。

しかし、それとてすべて代表取締役としての私の責任です。

自分が経営する会社の全責任を誰でもない己が負う立場が代表取締役であり、そうあらねばならないと自分自身に常に言い聞かせています。

いばっている人はリーダーになれない

◎第2話
すべての責任は社長にある

お恥ずかしい話ですが、先日、当社がマネジメント上で非常に大事にしている「全体朝礼」（本気の心の朝礼）に、２名が連絡なしに欠席するという事態が起こりました。

全体朝礼の進行はマネージャーやスタッフに任せているのですが、最後に私に発言の場が与えられました。

「皆さん、改めましておはようございます。

今日、何か連絡がなかったりとか、来られなかったスタッフがいたりとか、**皆**

が気持ちよく朝礼ができなかったことはすべて私の責任です。

昨日、室長と（京都府）北部の会議に行った時に、（同）南部の全体朝礼は今のままではダメだなという話をたまたましていました。

この全体朝礼を、もっと盛り上げていかなければなりません。

今日になるまでに電話でも、お店の中でも、『明日のスピーチ訓練、絶対、取ってこいよ』と背中を押すくらいの盛り上げ方をできなかったというのはすべて私のせいです。

皆さんすみません。

必ず次の全体朝礼からは本気でやります。

仲間のために、この朝礼の大事さを伝えていきましょう。

それがテレアースイズムなんです。

我々は25周年を節目に、もっともっと進化しなければなりません。

後々《あとあと》、この25周年があってよかったと言えるようにしましょう。

よろしくお願いします」

実はそれより数日前から、南部の全体朝礼を心配していました。参加メンバーは私の期待しているような緊張感、意識には到底、なっていないのではないかと。

その時に私自身が何らかの手を打っていれば、欠席者は出なかったでしょうし、もっと**緊張感のある中身の濃い全体朝礼になっていた**はずと悔やまれました。

「打つべき手を打っていなかった」ことはもちろんその1回だけではありません。

「己の責任」と思った時には素直に謝ります。心底、謝ることで、二度と私が謝ることのないように手を打つという代表者としての責任意識が高まるからです。

心から謝罪する。二度とミスをしない

◎第3話

本気の心の面接

これまで、何百人もの採用面接をしてきました。

当社のような中小企業にとって一人一人の採用はとても大事なので、1人2時間、長い時は3時間かける時も多々、あります。

ですから1日に3人の方との面接がある日などは、終わるとヘトヘトになります。

私は「面接」はその字の如く、(相手の)面《つら》に接することだと思っています。

中には**構えていて、かたくなに内面を見せてくれない人**もいます。そういう時は強行突破します。

4年制大学を卒業して、しばらく職につかずにいた今で言うニート君との面接では、

私　「お母さんは2つの仕事を掛け持ちして大学行かせてくれたん違うん？」
「そうでしょ。そうして4年間、大学、行かせてもらって卒業して、今、もう6月やで。何しとったん？」

A君　「あまり気に入った仕事がなくて……」

今の時代、子どもを大学に行かせるというのは、大変なことです。家族の金銭的な負担は並たいていのものではありません。生活を大きく切り詰めたりする家庭もあります。

A君のその話を聞いただけで、私は自分のことのように腹が立ち、机を思いっきり「バーン」と叩いて、

私　「気に入った仕事がなかったら自分（君）は一生仕事をしないんか。ふざけんな。親はどんな気持ちでなあ、どんな気持ちで歯をくいしばって自分（君）を大学まで行かせてくれた思てんねん」

「自分（君）みたいな男はなあ、**親の気持ちも知らず、そんなプラプラしやがってなあ**、ウチの会社にはいらん」

「こんな親不孝な自分（君）みたいな奴《やつ》いらんわ」

とまくしたてました。

すると彼は突然、わーっと泣き出しました。

私　「何で泣いてるんや」

A君「親が毎日、仕事を終えて帰ってくるといつも疲れ切った表情で寝ているのを思い出しました」

私　「それでえ」

A君　「ちゃんとせなあかんなあと思いました」

私　「ちゃんとせなあかんな、ちゃうねん。本気になれるかどうかや」

A君　「本気でやります」

私　「そんな小さい声で本気と言えるんか」

A君　「本気でやります」

私　「まだまだ本気を感じない」

A君　「本気でやります」

私　「本気でやるんやなあ。ほんまやなあ」

A君　「ハイ」

私　「よしわかった。採用！」

当社も今でこそ新卒採用をしておりますが、ほんの数年前までは、中途採用がほとんどでした。

ましてA君は2ヵ月のブランクがあるとは言え、新卒です。

私は素直でさえあれば、いくらでも育てることができると思っていましたし、新卒採用にチャレンジしたいという気持ちもありました。

ただ、**中途半端な気持ちで入社の返事をもらう**と、本人に自覚はなくても「いい加減」に勤めてしまいます。

それは私が一番、避けたいことです。

別の飲食店のアルバイトの面接では、終始、生返事を繰り返す男子学生B君に対して、

「聞いてんのか。俺が今、言うてること（衛生管理の重要性）はなあ、会社もふっ飛ぶようなことなんや。ええかあ、学生やから言うてなあ、アルバイトと正社員は何も変わることはない。雇用形態が変わるだけで、**ウチの会社のスタッフと**

して働いてもらう限りはここの足並みを揃えてもらわな困るんや。嫌なら今、すぐ帰ったらええ」

すると彼は、それまでのだらしない態度から姿勢を正し、

「この会社で働かせて下さい」

採用です。

このように面接に来る若手男子を叱り飛ばすことはよくあることです。

もちろん面接で初対面の相手です。憎くて叱る訳ではありません。採用する以上、ウチでは本気で働いてもらわなければ困るのです。

飲食店での衛生管理はとても大事で、もし食中毒でも出せば、本当に会社が潰《つぶ》れてしまうおそれは十二分にあります。

メモを取りながら聞いてもらいたいような話なのです。

それを中途半端に、生返事で「はあ、はあ」と聞いているような学生をそのまま採用してしまっては、「この会社では少々、何をやってもいい」という印象を

与えてしまいます。

そうすると一時、問題になったように、店員がお店の冷凍庫の中に裸で入って撮った写真をＳＮＳにアップするというようなことも起こりえます。

そういった行いをするのは恐らく軽い面接で入った人財なんだと思います。

先ほど私が面接したＢ君もカフェのアルバイト面接だから、採用されればいいし、ダメなら他を探せばいいという軽い気持ちで来たのだと思います。

飲食店の面接と言えば、バックヤードで在庫が積み上がっているような場所で、店長がユニフォーム姿でスーツに着替えることもなく仕事の合間に、応募者は丸椅子か何かに座らされて、履歴書を見ながら、いつから来られる？　というパターンが多いのではないかと思います。

そういう軽い面接をしていれば、**相手にきちんとした働く意識を持ってくれと言っても無理な話**です。

当社は正社員、アルバイト共に採用の合否は私が面接し決定します。

それは代表の私はもとより、会社の仲間が本気だということをわかって欲しいからです。

一切、手抜きはありません。

ですから私にとって面接は、どれも思い出深いものばかりです。

後日談ですが、先ほどのB君はウチのカフェで一生懸命、アルバイトをし、将来、ウチの会社で正社員として働きたいと言ってくれています。

素直でさえあれば人は成長する

◎第4話　面接相手の殻を破り、本当の顔を見る

ただ、それなりの年齢でキャリアを積んできた中途人財は叱り飛ばす訳にはいきません。

ウチの携帯ショップの店長をしてくれているＩＫ君。

6年前、彼が33歳の時に面接をしました。

彼は飲食業を十数年経験してきて、店長も経験したことがありました。

ただ今回は携帯ショップという、これまで彼がやったことのない仕事だったので、この仕事の良い所と大変な所を伝えた上で、**ウチの会社で何がしたい、将来、**

どんなことがしたい、どんな立場で仕事がしたいのかを訊《き》きました。

彼が「役員になりたいです」と言ってくれたので、

「役員になるのはどうしたらいい？　スタッフで入って、まず店長にならなあかんよね。店長になって次長、部長とかになっていかなあかんよね」

「じゃあ、まずその店長になるためにはどうすればいい？」

「その店のスタッフの取りまとめをしたり、そのために進むべき方向を示したり、リーダーになるためにはみんなから信頼されななられへん。人生の先輩とは言うても、初めましてで入ってきていきなり信頼関係なんか作られへんし、努力せなあかん」

どういうことをしなければならないか、役員になるための道筋の設計をし、

「じゃあ〇〇年までにこういう立場にならなあかんね。そのためには入社して何ヵ月でこういう風にならなあかん」と計画を立てていきます。

そんなことを話していると5時間。面接を通り越して最早、**入社前提のキャリ**

アアップのための面談です。

そして彼は入社４年目に店長になりました。

彼は所属店舗を関西の中でもトップにおし上げる等、数々の記録を打ち立ててくれました。

また、携帯キャリアの表彰式で、５００名の前で表彰状をもらいました。

いくつか面接の思い出話を紹介しましたが、これらはほんの一部です。

今まで、色々な人を見てきましたし、本当に多くの面接をしてきました。

履歴書を読めばイメージが湧くし、５分も話せばたいてい、**どういう生き方をしてきたか、どんな個性を持った人なのか**わかります。

先に申しましたが「面接」はその字の如く、相手の「(内)面」に「接」しなければなりません。

相手の本当の面を見せてもらうためには、こちらから引き出していかないといけません。

自分が相手の中にグーッと入っていかなければなりません。

どれだけ相手のガードを取り外せるかは、面接する側の器によると思います。

その殻を破って出てきてもらうために、面白い話や、履歴書に書いてあることに触れながら、また私自身の生い立ちを話しながら、私が別にすごい訳ではないことも話しながら徐々に相手との壁をはがしていきます。しかし、時にはその壁がなかなかはがれない人がいます。

そういう時は「叱り飛ばす」等して強行突破していきます。

兎《と》に角《かく》、男性であろうが、女性であろうが、経験者であろうがなかろうが「俺は本気なんや」と伝えたいのです。

それが私流の面接です。

5分話せば、どんな人物かわかる

◎第5話 どんな人財も積極的に採用する

ある20代半ばの女性を面接しました。その女性はある心の病を患っていました。髪の毛は自分でカットしているのか不揃いで、面接中も終始、上目遣いで、暗い印象でおよそサービス業には不向きな女性でした。サービス業でなくてもほとんどの会社の職場には似つかわしくなく、あくまで想像ですが、どの会社も受け入れてくれないような女性でした。

面接に同席した幹部は「(採用は)ないですよね」と言いましたが、私は「なんで? 私たちには必要な人財やと思うで」と返しました。「彼女が笑顔で接客している姿をイメージしてみい。それは最高の姿や。それが現実になった時、彼女にとっても、そして私たちスタッフにとっても成長した証《あかし》と違うか。こんな有り難いご縁はないよ」

すぐにその考えと思いを幹部と女性リーダーに伝え、納得してもらい、急いでその女性を追いかけました。

後ろから走って追いつき、ポンッと彼女の肩を叩き、「採用！　今、皆で決めたから」。

すると彼女は両目からポロポロッと大粒の涙を流しました。それまで何社か受けてきて、すべてダメだったのか、当社の採用もないものと諦めていたのでしょうか。

諸手続きのこともあり、伝えておきたいこともあったので彼女にもう一度、お店に戻ってもらい、話をしました。

私はその人の**人生観や価値観を変えるには環境、習慣、好みを変えないといけ**

ないと思っており、時に荒療治をします。

採用の前提として、3つのお願いをしました。

1つ目は、「好きな色は何色？」と訊くと「黒が好き」と言ったので、「自分の持ち物や部屋の色等を、できるだけ赤やピンク系の明るい色調に変えて欲しい」。

2つ目は起床時間は8時だと聞いたので、「明日から7時に起きて欲しい」こと。

最後に「誰よりも早く出勤して欲しい」とお願いしました。

数日後の初出勤の日には女性リーダーにお金を渡し、リーダー行きつけの美容室に連れていって、可愛らしいヘアスタイルにしてもらいました。

化粧品も、リーダーにアドバイスしてもらい買い揃えてもらいました。

それだけでかなりイメージが変わりました。

とても素直な女性でしたので、3つの約束をしっかりと守ってくれました。

お店に出向いた際に時々、タイムカードをチェックしましたが、誰よりも早く出社してくれていました。

ある意味、今までの彼女を否定するようなおせっかいだったかも知れません。

しかし人間には、誰かの強い働きかけで、自分では思いもしないような行動をしないと変われない時もあります。

ただ、受け入れてくれたお店のスタッフは大変でした。苦労もかけました。

精神安定剤の副作用等で、何度かお店で倒れ救急車で病院に運ばれたこともあります。

勉強のために先輩の横について接客していた際、お客様から「気持ち悪いからあっちに行ってくれ」と心ないお叱りを受けたこともあります。

そういうことがある度に、彼女はバックヤードに行っては泣いていました。

採用を決定したのは私ですが、周りのスタッフは本当によくフォローしてくれたと思います。

入社後、1年くらい経ってから、彼女と彼女のお母さんに会う機会がありました。

お母さんは私に「この会社でお世話になってから、娘が別人のように変わりました。暗くよどんだ表情が**明るい笑顔に包まれたような表情になり、家の中も明るくなって感謝**しています。私たち家族の人生も大きく変わりました。本当に感謝しかありません」とご丁寧にお礼を言って下さいました。

結局、彼女は4年ほど勤めてくれて、その後、結婚ししあわせな家庭を築いています。

本気の職場は、人間も人生も明るくする

◎第6話 成功経験のある人財の採用で、会社の空気が変わった

私を支えてくれる大事な存在として、また当社にとって欠かせない幹部にY室長がいます。

その彼との出逢い・ご縁もドラマでした。

当時、その3年前にオープンした京都市内進出第一号店の成績がボロボロで、スタッフはどんどん辞めるという荒廃した状態になっていて、閉店しようかという所までできていました。

そこに至るまでにも、何とか改善しようと、お世話になっている同業の上村《かみむら》社

長（テレックス関西）が経営するお店の店長兼幹部である彼に度々、情報を頂きに行っていました。

そんなある日、上村社長のはからいもあり、その彼が当社に入社してくれるというのです。心から有り難く救われる思いでした。

2011年2月、京都府長岡京市の中華料理店で、彼と私と当社のI常務の3人で食事をしながら互いに今後の夢を語り合いました。

今まで何度も顔を合わせたことのあるY君でしたが、一緒に仕事をさせてもらうと思うとわくわくしながら熱く本気で私も夢を語りました。

その食事会を終えた後、丹後までの車中で私はI常務に、「折角、Y君がウチに来てくれるから、その価値を上げるも下げるも俺ら次第やで」「このご縁の価値をタダにするのか億の価値にするのか俺ら次第や。絶対、億の価値にしよう」と言い、I常務も「億の価値にしなかったらもったいなさ過ぎますよね」とこたえ、二人で固い決意をしました。

Y君はY君で上村社長から「お前わかっとるやろな。俺の顔に泥を塗るようなことをするなよ。安達社長は俺も長いつきあいやから絶対、結果出さなあかんぞ」と言い含められていて、決意表明文も持参してきておりました。

その決意表明文は、

「○○店は○○店以上にする！」「年間粗利は○○億円にする」というものでした。

それだけ彼も本気でした。

そして後日、本社のある京丹後市の網野町《あみのちょう》で面接をし、2人で食事をし、スナックで肩を組んで一緒に歌いました（彼をビジネスホテルに車で送る必要があったので、私はお酒を飲まずにいました）。

時間は夜中の1時。

私は彼にどこへ行くとも告げず「ちょっと車に乗ってくれへんか」と誘い、走らせました。

不安だったのでしょう、何度も「どこへ行くんですか」と訊いてきました。

真っ暗な山道を通り抜け日本海が目の前に広がる場所に車を止め、雨が降る中、岩場を手探りでよじ登り、一番、高い所に着きました。

そして、彼に「今から私はここで本気の決意表明をする。ぜひ、それを聴いて欲しい」と言った後、海に向かって「私はY君と絶対、夢を実現させる。そして最高の会社を作ってやる。Y君、よろしくお願いします」と叫びに近い大声で決意表明しました。

するとY君も自ら「私も決意表明させて下さい」と言った後、「私は安達社長と絶対、会社を何十倍も大きな会社にして最高の景色を一緒に見ます」と決意表明してくれました。

そしてがっちりと握手をして彼の入社が決定しました。

実は5年前にY君が当社に来てくれるまでは、当社には成功事例がありませんでした。

成功事例がないが故に改善提案について「何々してくれる?」「これしてくれ

る?」「あれしてくれる?」と頼んでも、自信のない返事しかきませんでした。「ハイ、やりましょう」「皆と一緒にやりましょう」という自信に満ち溢《あふ》れた反応で返ってくることがありませんでした。

今、振り返るとそれもそのはずです。携帯事業は始めた20年前はそれほど説明しなくても売れる時代でしたが、携帯電話の進化と共に接客も進歩しなければならないにもかかわらず、その努力を怠っていました。だから成功事例がなかったのです。丁寧な説明と提案が必要になってから、成功していませんでした。

ですからスタッフからすれば「社長はそう言うけれど……まあまあほなやってみよか」という感じだったと思います。

それがY君の入社で変わりました。

当時、そこまで本気のスタッフがウチにはいませんでした。

どんな**パワーのあるアンプがあったとしてもそのスピーカーにパワーを受けとめる能力がなかったらそれはまさに大迫力の音にならない**ようなものです。

例えば私が1000Wのアンプ、片やスタッフのスピーカーは500Wしか対応していない。

これでは500W分がロスになります。

1000Wあるアンプに対して2000Wで響くスピーカーにしてくれるのが彼との出逢い、ご縁でした。

彼の本気に私も本気で応えなかったら失礼極まりないと思いました。

だから私も本気で決意表明したのです。

仕事ができる人は言い訳をしない

◎第7話
全員やる気ゼロ、万年最下位店舗の衝撃

Y君は2011年4月1日、円町店に初出勤しました。

ところが開店10分前の9時50分になっても誰もショップに来ていません。

9時53分に男性店長がようやく来ました。

「お前、何時に来とんねん！」とY君は朝一番から叱りつける始末。

その後に来た3年前からいるベテラン女性スタッフ（Tさん）は彼を「誰やこいつ」という目で睨《にら》みつける。

彼女の身だしなみは、「爪はもうネイルでキラキラで、キャバ嬢みたいな濃い

化粧をして、髪の毛はエクステしていて、何やここはキャバクラか」くらい強烈だったそうです。

そのショップは男性店長のもとに男性スタッフ1名、女性スタッフはTさんの他2名おり、女性は計3名。

Tさんは役職こそついていませんでしたが、そのお店のオープン当初からいるいわゆるボス。他の女性スタッフはTさんの妹分で、見た目は全くギャルでした。

しかも彼が「おはようございます」と言っても挨拶すらしません。

Tさんに至っては「おうおう」という感じで、ずっと睨みつけています。

いわゆる完全アウェーです。

男性店長に「なんで挨拶もできん。掃除もせん」と怒鳴り散らし、初日から彼は鬼にならざるをえませんでした。

店長に「なんで朝礼やらへんの」と尋ねると、「みんな反発して、辞めてしまいます」「辞められたら困るから何も言えないんですよ」と言いました。

また女性スタッフも店長のことを店長と呼ばずDさんと呼びます。

「この店には店長がおるやろ！」

兎に角びっくりすることばかりだったそうです。

お客様が来られてもみんな接客に行かない。逃げていて、店長だけが接客に行きます。女性陣3人は何をしているかというと裏でお菓子を食べています。

その女性陣に向かって、

「ふざけんなお前」「何しに来とんじゃお前」とまた彼は叱り飛ばす始末。しまいには頭にきて、「お前ら給料泥棒やわ」「前で一生懸命契約取りに行ってる店長がいて、その店長のおかげでお前ら給料もらえるわけやろ。お前ら何もしてへんやん。お菓子食べてるだけやん。

それでおんなじ給料もらうな、俺が社長に言うて給料カットしてもらうわ」

するとあろうことか、「給料が安い」と反発するんです。

「いやよう言うわ。お前らその分の働きしてへんやん」

初日から大げんかです。

その日の終礼で「この店終わってる。こんな店すぐ潰れるわ」と話すと、３人の内の１人が泣き出して、「辞めたい」と言い出す始末です。

するとＴさんが「あなたは何しに来たんですか。私たち仲良くやってたんですよ。それで良かったのに何で来たんですか。人１人辞めようとしてるんですよ。どうするつもりなんですか」とＹ君に噛みつく一方、泣いている女性スタッフに対しては「大丈夫やで、私が守ったるしな」……。

唖然《あぜん》とするＹ君。

人は改革・変化を恐れる

◎第8話
人財が辞めていく時の覚悟

その日の夜の彼からの電話は「こらもう無理ですわ。想像以上にひどい。女性スタッフの化粧は濃すぎるし、無法地帯。接客しないし、何しに来てんのっていう感じです」

私　「Y君、好きにしたらええで」
Y君「好きにせえと言われても」
「辞めますよ全員」

私　「もうそれもしゃあないやろ」
　　「辞めてもろてもええから」

再び、Y君。

後にも先にもあんな1日はないという初日でした。
その日に女性1人が辞めました。

来る日も来る日も、Tさんとのバトルがすごかった。
本当に言い合いです。
「今すぐ帰れー」とかボロカスに言ってました。
Tさんは「絶対、自分はこの子らを守る」って感じで。私に対しては敵が来た
みたいな感じでした。

まだ彼女は若くて何もわからず自分の居場所が潰されると感じたのでしょう。一から十までそんな感じでぬるま湯の極みでした。

当然、成績は近隣店でずっと最下位続きでした。

「自分はこの店を立て直しに来た。このままやったらこの店はなくなる。みんなもバラバラになる」「会社を辞めんならん。それでええの」とこんこんと言いきかせました。

そういう日々の中、Tさんが体調不良で休むという日があって、もう1人の女性スタッフも休むと男性スタッフS君にメールが入りました。

いよいよボイコットされました。

朝出勤したらそのメールを受け取って顔を真っ青にしたS君と2人だけ。（店長が休みの日でした）

僕は「ほっとけ、辞める奴は辞める。S君、2人でやるで」と言って2人だけでお店を開けました。

とは言うものの週末でお客様はどんどん来られる。店が全然、回りません。

その内「この店は2人しかおらんのか」とお客様からすごく怒られて、常に3、4人待ってもらっている状態でした。

Webカメラでその様子を見かねて、丹後から3時間かけて常務が駆けつけてくれて、何とか乗り切りました。

本当に助けられました。この時の絆を私は忘れません。

こんな風に**自分の力というよりも、この会社のみんなの受け入れる力が強い**というか、社長や常務がそういう風にして下さったから自分が残れたと思います。

これが皆に総スカンを食っていたら多分、僕は自分の決意表明を果たせるはずもなく、すぐに辞めざるをえなかったと思います。

仕事のピンチを共に乗りこえて絆は深まる

◎第9話
売上最下位から1位へ「本気のスイッチ」

前話で紹介したベテラン女性スタッフTさんが、自分の休みの日に私に逢いに京都市内から丹後まで、レンタカーを借りて3時間以上かけて直談判しにやって来ました。

たまたま私は会社にいましたので逢うことができましたが、アポイントメントなく来たということは、ただならぬ用事があると察しました。

彼女は「私はあんなこと（本気の心の朝礼）をやるためにこの会社に入ったのではありません。朝礼を続けるならスタッフ全員が辞めると思います。だからもうやめて下さい。そしてYさんを排除して下さい」と切り出しました。

2時間余り、不平・不満をずーっと聞かせてもらいました。

恐らく他のスタッフを代表して、覚悟を持って来たのだと思います。

彼女は私に不満を話せたことで落ちついたのか、時間が経つにつれ、表情が少し和らいだように感じました。

そこで私は彼女に、

「君はすごいで。休みの日にな、俺がおるかどうかわからんのに、3時間もかけて、自腹でレンタカーを借りて、ガソリン代と高速代を払って、クビになってもいいと覚悟して意見しに来たんやろ。自分（君）は気づいてないかも知らんけど、もう既に本気のスイッチ入ってるやん。

君がこうして本気で来てくれたように、俺も本気や。決して中途半端な気持ちで本気の心の朝礼を始めたんやない。

お願いやから今日みたいに、本気になって朝礼をやってみてくれへんか。まだそこまで本気になってやってへんやろ。本気になってやってみたら、絶対、何か新しい面白いものが見つかると思う。

本気になってこの朝礼をやっても結果が出なかったら、すぐにこの朝礼はやめよう。俺が求めるものは朝礼をすることではなくて、活力の満ち溢れた店舗・会社を作ることや。朝礼はあくまでもそのための手段にしか過ぎひん。その手段で結果が出なかったら、他の手段をまた考えるだけや」と話しました。

そして彼女が帰る時に、手元にあった5000円を渡しました。

彼女は「このお金は頂けません」と断りましたが「ガソリン代の足しにして欲しい」と言いながら、「来てくれてありがとう。話してくれてありがとう。気をつけて帰って」と見送りました。

その翌日から彼女は、本気の心の朝礼を本気でやるようになりました。

それと同時に他のスタッフも、少しずつその朝礼を通じて本気のスイッチが入っていきました。

お店の売上も**近隣8店舗の中で常に最下位だったものが、2ヵ月で近隣1位に**なり、不動のものになっていきました。

今、思い出せば当社の「本気の心の朝礼」導入まで色々な思い出が蘇《よみがえ》ってきます。

良い習慣ほど定着に時間がかかる

第2章

声に出した目標は、必ず達成できる

◎第10話 ここまで本気の心の朝礼

当社で今、定着している本気の心の朝礼は、居酒屋「てっぺん」さんの有名な朝礼をベースに進化させたものです。

この朝礼を導入・定着させるために、私は店長やスタッフを連れて「てっぺん朝礼」を見学・参加しに通いました。三重県桑名《くわな》市の「てっぺん」さんに、京都から車で約3時間かけ20回は行かせて頂きました。

そこに向かう道中は自らハンドルを握り、車内という狭い空間の中で朝礼に対する私の思いや朝礼の効果、そして朝礼を「頂く」という価値観を密に同乗の皆に伝えました。

「てっぺん」さんの朝礼は強烈なパワーを持って参加しないとその朝礼の言わんとする所を持ち帰ることができないので、桑名インターを降りてからてっぺん桑名店までの10分の間に、車内で声出し、ハイ訓練をしモチベーションを上げました。

例の女性リーダーTさんに声出しお願いしますと言うと、「今から声出しいきまーす」そのかけ声に続いて、みんなで「わっしょい、わっしょい」。次はハイ訓練しまーす。「ハイ、ハイ、ハイ、ハイ」とこんな具合です。その様子は外から見ると異様に映ったと思います。信号待ちでは隣の車からもいぶかしげに見られました。

この朝礼の特徴は社長や拠点長が一方的に話し、皆はそれを聞いているだけという「参加させられている」という儀礼化した朝礼ではありません。また持ち回りで参加者が自分でテーマ決めをし、好きに話をするような、若手や人前で話すことが苦手なメンバーにとっては苦痛ですらあるような「やらされ感」のある朝礼でもありません。

朝礼を**仕切るのもスタッフ、各パートを担当するのもスタッフ、発言するのもスタッフ**です。

そして朝礼をするという感覚ではなく、一度きりの一期《いちご》一会《いちえ》の朝礼を「頂く」という気持ちで挑みます。必ず円陣で行います。

流れは以下の通りです。

0. 整列（大きな円陣を組みます）

1. 導入

2. モチベート

3. スピーチ訓練

4．No．1宣言
5．挨拶訓練
6．ハイ訓練
7．最高の締め

具体的にイメージしてもらえるように、ある日の本気の心の朝礼を詳細にご紹介します。

当社では朝礼全体をリードするスタッフを「仕切り」と呼んでいます。

（BGMを準備し流します。パーツや話者の声の大きさによって微妙にボリュームもコントロールします）

朝礼は参加するだけでは意義はない

◎第11話 モチベーションを高める

1．導入

仕切り（H君）「それでは只今より合同朝礼を始めます」

参加者「おはようございます！」「おはようございます！」

仕切り（H君）「はい。今日、ここに集まってくれたメンバーは、真剣にやってくれているメンバーばかりだと思います」「最高のモチベートをMさんにお願いします」

「それではMさんお願いします」

2. モチベート

Mさん「ハイ！　よろこんで」
　「おはようございます」
参加者「おはようございます」
Mさん「もうちょっとお腹《なか》からいきましょう」
　「おはようございます」
参加者「おはようございます」
Mさん「本日、モチベートを担当させて頂きます、○○店のMです」
　「よろしくお願いします」
参加者「よろしくお願いします！」
Mさん「それでは最高のモチベートを始めるべく、みんなでじゃんけんをしていきたいと思います」
「本気のじゃんけんですので、皆さんペアの方とじゃんけんして頂いて、勝っても負けてもお互いに『よっしゃー』と言って、ハイタッチをして進めていきたいと思います」

参加者「ハイ！」

私「今日はこれを持ってきました」（時々、お菓子やおみやげを持ってきて勝ち抜き戦にし、モチベートをさらに高めるサプライズもします）

参加者「おー。ありがとうございます」

Mさん「社長から賞品を頂きましたので、今日のじゃんけんは勝ち抜き戦にします」
「それでは隣の方とペアを組んで下さい」
「それではいきます！」

参加者「最初はグー。じゃんけんほい」

参加者　「最初はグー。じゃんけんほい」（最後の勝者が決まるまで繰り返し）

Mさん　「○○さん、おめでとうございます」

参加者　（拍手）

Mさん　「はい。それでは次に天突《てんつき》をしたいと思います」

「皆さん足を少し開いて腰を落として頂いて、『よいしょっ』という掛け声と同時に手を前に突き出して下さい」

「これを5回した後に私が5、4、3、2、1とカウントダウンしていきますので、皆さんもそれに合わせて5、4、3、2、1と一緒にカウントダウンして下さい」

「最後に『よっしゃー』と天井を突き破る勢いで拳を上げ、飛び上がりましょう」

「それではいきますよ」

「よいしょっ」

参加者「よいしょっ」
Mさん「よいしょっ」
参加者「よいしょっ」
Mさん「よいしょっ」
参加者「よいしょっ」
Mさん「よいしょっ」
参加者「よいしょっ」
Mさん「よいしょっ」
参加者「よいしょっ」
Mさん「5」
参加者「5」
Mさん「4」
参加者「4」

Mさん「3」
参加者「3」
Mさん「2」
参加者「2」
Mさん「1」
参加者「1」
Mさん「よっしゃー」
参加者「よっしゃー」
Mさん「ありがとうございます」
参加者「ありがとうございます」

3．スピーチ訓練

仕切り（H君）「身だしなみと心の準備ができた方からゆっくりと目を閉じて

下さい」

「目を閉じてイメージをしていきます」

「皆さんイメージをする前に最高の、気持ち悪いくらいの笑顔を作って下さい」

（間）

「ありがとうございます」

「さあ今、この場の空気がさらにプラスになりました。そのプラスの空気を思い切り吸い込んで下さい」

「そして今より少し顔を上げ、最高のイメージをしていきます」

「イメージするのは3年後の自分です。3年後の人生です。3年後、**自分は、そしてこの仲間はどんな人生を歩んでいるのか**、音が聞こえるくらい、香りが漂うくらい、手には感触が残るくらい、感情が芽生えるくらい、はっきりとイメージして下さい」

「過去の自分、今の現状、一切関係ありません。もしもこの先の人生、自分の思い通りになるとしたらどんな人生を歩んでいたいですか。どんな夢を叶えたいですか。そんな最高の3年後のイメージです」

「楽しいから笑顔になるのではなく、笑顔になるから人生が楽しくなります」

「他人と過去は変えることはできません。しかし、自分と未来はいくらでも変えることができます。そんな最高の可能性を秘めた今日一日。すべては今日この瞬間から始まります。さあ今日一日どんな目標を立て、3年後の自分に向かってどんな目標を追いかけていきますか。今日一日、**一切の弱音を吐かない。常に前向きでいる**こと。最高の接客をする。何でも結構です。1つだけで結構です。今日一日が終わり眠りにつくその瞬間までこれだけは絶対にやり通す、そんな目標を1つ決めて下さい」

「そんな目標、夢に真剣に取り組めるのは周りの人、**過去に出逢った人、今、隣にいる最高の仲間**、そして縁あってここに集まった全員。そういう人たちの協力と援助があり今、この場に立っています」

「今日一日はそんな奇跡に溢れた一日です。親に産んでもらったこと。これまで育ててもらったこと。そして、この環境を与えてくれた仲間、会社、すべての人に今ここで感謝をして下さい」

「そんな感謝に満ち溢れた今日一日、絶対に夢を叶える一日にすると今、ここで決意して下さい」

素直な気持ちを全力で表現する

「そして今日の朝礼、スピーチ訓練。テーマは『感謝』」

「感謝と聞いて頭に思い浮かんだこと、その素直な気持ちを皆さんの前で全力で発表して下さい」

「最高の感謝の気持ちを今ここで発表し、絶対にやるぞと決意し、今日も一日、全員で夢に向かって、自分のために、仲間のために、今日の一日、最高の一日にしていきましょう」

「それでは今日の一日、最高の一日にすると決意できた方からゆっくりと目を開けて下さい」

◎第12話 仲間と働けるしあわせ

仕切り（H君）「それではスピーチ訓練いきたいと思います。必ず一番手、取って下さい」

「思いの熱い人から一番手、当てていきます」

「それではいきます」

「スピーチ訓練。希望者挙手！」

（参加者を見渡し）

「K専務！（外部参加者）」

K専務

「ありがとうございます。株式会社○○、Kです。よろしくお願いします。今朝、7時に起きました。すぐに涙が出てきました。一昨日から3日間、皆さんにおつきあい頂いたんですが、昨日、皆さんと丹後の海へ飛び込ませて頂きました。こんな私に皆さんが貴重な時間を使って一緒に思いを語って飛び込んできてくれたことに本当に感謝できました。新しい仲間ができました。僕は**一生かけて自分の仲間をしあわせにしよう**と誓って生きてきましたけれどもここにきて新しい仲間ができて、海に飛び込み、抱き合い、涙が出てきました。本当にありがとうございます。僕はまた東京に戻って明日から生まれ変わったつもりで頑張りたいと思います。ここにいる安達社長、IK店長、I常務、Hさん、Sさん、Uさん、Tさん、W店長、Y室長、皆さんに本当にお世話になりました。

商売は違いますけど本当にいい仲間ができました。毎日、涙が出ました。僕は何を持ち帰れるかはわかりませんけれども、**ここで出逢った仲間とまた共に世界一を目指して頑張ろう**と思いました。本当に僕は学ばせてもらいました。明日から東京で新しく頑張っていきたいと思います。ここの仲間は最高でした。男の人も女の人も最高でした。本当にありがとうございます。これからもよろしくお願いします」

参加者
「お願いします」（拍手）

仕切り（H君）
「全員仲間だと思ってますんで頑張って下さい」
「それでは二番手いきます。希望者挙手！」
「TMさん」

TMさん
「○○店、TMです。よろしくお願いします」
「私は○○店のスタッフの皆さんと、この会社の働いている方、全員に感謝したいと思います。今、応対コンテストに向け一杯、練習させて頂いていますが、皆さんに優しい言葉をかけて頂いていたり、一緒に練習につきあってもらったり、たくさん色んなものを頂いています。上手くできなくて悔しい思いをした時も皆さんの熱い気持ちが私に勇気をくれます。そして一杯、かけてくれた言葉は私を元気づけてくれます。たくさん練習して応対コンテストも頑張ってこの力が発揮できるようにやりたいと思います。皆さんがくれた熱い言葉が私の胸を熱くします。皆さんがすごく大好きで一緒に働けていることがしあわせです。応対コンテスト頑張ってきますので、また応援やお手伝いなど練習も一緒にさせて頂きたいと思います。よろしくお願いします」

参加者

「お願いします」（拍手）

仕切り（H君）「TMさんなら絶対、できます。頑張って下さい。よろしくお願いします」

「それでは三番手いきたいと思います。希望者挙手」

ONさん「ONさん」

「○○店、ONです。よろしくお願いします」

参加者「お願いします」

ONさん「私の感謝はこの会社の皆さんに対する感謝です。私は入社させて頂いてから、初めて体験することやわからないことだらけで、同じ店舗のW店長をはじめとしたスタッフの皆さんにご迷惑をおかけする場面がたくさんありましたが、それでもその度にたくさんのことを教えて頂き、成長させて下さいました。何よりこの会社の熱くてたくさんのことを教え合い、支え合うことができる仲間たちと一緒に働くことができて本当に感謝の気持ちで一杯です。今度は私がその仲間たちを支えていけるように、この会社を引っ張っていけるようなスタッフに成長していきます。よろしくお願いします」

参加者　「お願いします」（拍手）

仕切り（H君）　「その感謝の気持ちを全力でぶつけて下さい。お願いします」

「それでは四番手いきたいと思います。希望者挙手！」

「NYさん」

生まれ変わった気持ちになる

◎第13話 最高の感謝でお返しする

NYさん

「おはようございます。○○店、NYです。よろしくお願いします」

「暗い涙を流してすみません。私は感謝という言葉を聞いてまず一番、最初に思い浮かんだのは父と母でした。いつもいつも迷惑ばかりかけて私は何も親孝行していません。やっと地元に帰ってきたのに、まだ何もできていません。むしろまだ迷惑をかけてばかりいると思います。早く早く父と母を安心させてあげたい。色々なことを毎日毎日、試行錯誤しては、不安になっていつも自分に自信がなかった私。でもここに入ってたくさんの人に出逢い、たくさんの勇気を一杯頂きました。ここで学んだみんなとの力を糧《かて》に私は絶対、私が目指す女社長になって、必ず父と母、そして今、協力して頂いている皆さんに恩返しできる女になります。よろしくお願いします」

参加者「お願いします」（拍手）

仕切り（H君）「NYさんの女社長の夢絶対に叶います。頑張って下さい。お願いします」（拍手）

「それではラストいきます。最後、必ず取って下さい。希望者挙手！」

「MRさん」

MRさん　「○○店、MRです」

「私が感謝しているのはこの会社の皆さんです。今、トライアル（正社員になるための成績テスト）をやっていて、まだ達成はしていないんですが、すごくいいペースできていると思います。それはたくさんの方に応援をして頂いたり、直接の先輩方に助けて頂いているからです。あまり会ったことのない方でも応援してくれます。たくさん会ったことのある方でも応援してくれます。そんな方たちの期待を裏切らないためにも、このトライアル絶対絶対、達成したいのでよろしくお願いします」

参加者　「お願いします」（拍手）

仕切り（H君）　「まずはトライアル絶対、達成してその感謝の気持ちを表して下さい。お願いします」

「やー良かったので、ラストもう1名行きたいと思います」

「すごく熱くなってきました」

「それでは最後、いきます。希望者挙手！」

W店長

「W店長」

「おはようございます。〇〇店、Wです」

「えー感謝。僕はここにいるみんな、家族みんなに感謝したいと思います。3日間家を空けさせてもらって、その間、家を守ってくれた嫁さん、家族です。そして自分の留守中でもしっかり営業をしてくれて台数を出してくれる〇〇店のみんな。そして自分がダメな時でもいつでも……（嗚咽《おえつ》）、自分が全然、できていない部分がたくさんあります。えーダメな店長でもあります。絶対にスタッフみんなに、そして安達社長に、そして新しくできた仲間、K専務にも必ず少しずつですが、お返ししていきます。絶対に、みんなに少しずつですが、お返ししていきます。待っとって下さい。絶対、**男になってみせます**んで、これからもよろしくお願いします」

参加者　「お願いします」（拍手）

仕切り（H君）　「最高の感謝でお返しして下さい」

「それではもう一度、ゆっくりと目を閉じて下さい」

「たくさんの思い。家族や仲間。大切な人にたくさんの思いがあると思います。そんな熱い感謝の気持ち絶対に返すことができます。何十倍、何百倍にして返すことができます。それは自分次第です」

「しかし自分一人ではその感謝の気持ちを返すことができません。今、隣にいるのが大切な人。そんなたくさんの支えがあるからこそ返すことができます。そんな感謝の気持ちをまず今日一日でどこまでやれるのか。そんな思いで今日一日取り組んでいきましょう。それではこれから朝礼はNo．1宣言、挨拶訓練、ハイ訓練、最高の締めへと入っていきます」

Ｐさん「今日の挨拶訓練を、Ｐさん」

「ハイ！　よろこんで」

Ｑさん「今日のハイ訓練を、Ｑさん」

「ハイ！　よろこんで」

仕切り（Ｈ君）「そして最高の締めをＦＲ君、お願いします」

ＦＲ君「ハイ！　ありがとうございます」

仕切り（Ｈ君）「挨拶訓練・ハイ訓練は、身振り手振りを使ってプラスの言葉を使ってプラスの空気を作っていきます。そしてNo．1宣言とは自分との契約です。これだけは絶対にやり通す、これだけは絶対に負けない。生涯の契約です。そして自分自身が亡くなる時に『あいつはこうだった』そう言ってもらえるように最高のＮｏ．１宣言。皆さんの前で『○○店、○○、○○世界一でいきます。お願いします』と発表して下さい」

「Ｎｏ．１宣言も**思いの強い人から右回り**にいきます」

「それではゆっくりと目を開けて下さい」

「いきます。Ｎｏ．１宣言希望者挙手」

「○○さん」

これだけは絶対に、絶対にやり通す

◎第14話

3年後の自分をイメージする

4．No．1宣言

○○さん「おはようございます。私は感謝される人、世界一でいきます。お願いします」

参加者「お願いします」

○○さん「おはようございます。○○店、○○です。周りを明るくできる笑顔、世界一でいきます。お願いします」

参加者「お願いします」

○○さん「おはようございます。○○店、○○です。心豊かに輝ける女性、世界一でいきます。お願いします」
参加者「お願いします」
○○さん「おはようございます。○○店、○○です。前向きな女性、世界一でいきます。お願いします」
参加者「お願いします」
○○さん「おはようございます。○○店、○○です。縁の下の力持ち、世界一でいきます。お願いします」
参加者「お願いします」
○○さん「おはようございます。○○店、○○です。可能性を引き出す男、世界一でいきます。お願いします」
参加者「お願いします」
○○さん「おはようございます。○○店、○○です。笑顔の溢れる男、世界一でいきます。お願いします」

参加者　「お願いします」

○○さん　「おはようございます。○○店、○○です。行動力のある男、世界一でいきます。お願いします」

参加者　「お願いします」

（全員が宣言します）

5．挨拶訓練

Pさん　「挨拶訓練いきます」
「絶好調でお願いします」

参加者　「ハイ！」

Pさん　「最高の笑顔でお願いします」

参加者　「ハイ！」

Pさん　「おはようございます」
参加者　「おはようございます」
Pさん　「いらっしゃいませ」
参加者　「いらっしゃいませ」
Pさん　「ありがとうございます」
参加者　「ありがとうございます」
Pさん　「ついてる、ついてる」
参加者　「ついてる、ついてる」
Pさん　「スーパーハッピー」
参加者　「スーパーハッピー」
Pさん　「スーパーハッピー」
参加者　「スーパーハッピー」
Pさん　「今日もやるぞ」

参加者「今日もやるぞ」
Pさん「今日もやるぞ」
参加者「やればできる」
Pさん「やればできる」
参加者「やればできる」
Pさん「やればできる」
参加者「やればできる」
Pさん「スイッチオン」
参加者「スイッチオン」
Pさん「スイッチオン」
参加者「スイッチオン」
Pさん「テレアース最高」
参加者「テレアース最高」

Pさん　「テレアース最高」
参加者　「テレアース最高」
Pさん　「安達住設最高」
参加者　「安達住設最高」
Pさん　「安達住設最高」
参加者　「安達住設最高」
Pさん　「日本一」
参加者　「日本一」
Pさん　「日本一」
参加者　「日本一」
Pさん　「世界一」
参加者　「世界一」
Pさん　「世界一」

参加者「世界一」
Ｐさん「地球一」
参加者「地球一」
Ｐさん「地球一」
参加者「地球一」

６．ハイ訓練

Ｑさん「ハイ訓練いきます」
「元気にお願いします」
参加者「ハイ！」
Ｑさん「笑顔でお願いします」
参加者「ハイ！」
Ｑさん「ハイ」

参加者「ハイ」
Qさん「ハイ」
参加者「ハイ」
Qさん「ハイ」
参加者「ハイ」
Qさん「ハイ」
参加者「ハイ」
Qさん「ハイ」
参加者「ハイ」

7．最高の締め

ＦＲ君「ではもう一度目を閉じて大きく深呼吸をしましょう。そして今、みんなで作ったプラスの空気を胸一杯に吸い込んで下さい」

「そしてもう一度、イメージして頂きます」

「3年後の自分です。私たち人間はたいていやり直したい瞬間というものがあります。あなたにとってもし人生をやり直せるなら、いつに戻りたいか、少し思い出してみて下さい」

「あの時、もっと勉強しておけばよかった。あの時、あんなこと言わなければよかった。あんな決断しなければよかった」

「そうです。やり直したい瞬間というのはたいてい、自分の手ではどうしようもない出来事ではなく、**自分の手で変えることができたかも知れないその瞬間**なんです」

「3年後、私たちは同じ後悔を絶対に繰り返してはいけない。繰り返したくない、だからこそ私たちは自分の未来を自分のこの手で切り開き、自分のこの足で前へ進んで行くそんな決意をしましょう」

「湧き上がるようなそんなモチベーションをずっと保ち続けるのは決

して簡単なことではありません。だからこそこうして毎日、夢について考え、感謝の思いを新たにします」

「あなたの本気、あなたの夢、あなたの感謝。みんなが聴いています」

「あなたのその本気に触れ、私たちはとても励まされ勇気づけられています」

「私たちはいつでも決して一人ではありません。こんなにも素晴らしい仲間に囲まれているではありませんか。新たにこんなにも素晴らしいご縁を頂いたではありませんか。私たちにはまだまだ無限の可能性があります。その無限の可能性を具体的に形にできるか。それは今日の自分にかかっています。私たちには時間がありません。限られた時間しか与えられていません。この中で自分は何ができるのか。人生どの瞬間を切り取っても本当に最高な、本当にしあわせな今日も全力でやりきってやった。誇らしくそう思える一日を、今日もみんなで作り上げていきましょう」

「ではこれから私が『お客様ご来店です』と言いましたら、『いらっしゃいませ』、『お客様お帰りです』と言いましたら、『ありがとうございます』と続いて下さい。それから一本締めへと参ります」

「では目を開けて下さい」

ＦＲ君「お客様ご来店です」

参加者「いらっしゃいませ」

ＦＲ君「お客様お帰りです」

参加者「ありがとうございます」

ＦＲ君「一本締めの前に皆さん最高の笑顔を見せて下さい。全員が最高の笑顔でないと締めません」

「それが最高の笑顔ですか」

「最高の笑顔を見せて下さい」

「ではその最高の笑顔で今日もお客様をお出迎えし、誰か一人ではなくみんなで大きな夢への第一歩を踏み出していきましょう」

（一本締め）

この後、全員が一人一人と固い握手。

本当に最高な、しあわせな今日を全力で

◎第15話

聴く、話す、そして成長する

本気の心の朝礼は、すべて仕切りで決まると言っても過言ではありません。従って当社では、ハードルの高いテストを行い合格したスタッフだけが仕切りをできることにしています。

仕切りに求められる条件は、

・お腹から声を出し、聞き取りやすい言葉で話すこと
・朝礼参加者に、ある**一定の緊張感と集中力を与える**こと

・生モノである朝礼のその時々の状況に柔軟に対応すること
・朝礼の仕切りは参加者の中で最も学びの多い役割です。その役割を担えることを感謝できること
・完璧な仕切りをしようと思わないこと。ただ、本気でやること

の5つです。

その日の参加者の顔つきを見て、各パートの流れ、誰を指名するのか、どういったテンポでいくのか、間の取り方も含めてコーディネートする力が仕切り役には身についていきます。

0. 整列

綺麗な円陣を組むのは**参加者全員がお互いの顔つき、表情の変化がよく見え、声がよく聴こえるようにする**ためであり、スクール形にしないのは、誰が主役で

誰が脇役ということなく全員が平等で主役だと考えているからです。

１．導入

「おはようございます」という挨拶から入ります。

仕切りが発する朝礼での、まず最初の言葉です。

当然、元気よく、言葉にムダなく、その日の空気を予《あらかじ》め推察し、できるだけ簡潔に参加者の朝礼参加のスイッチを入れます。

２．モチベート

全体朝礼は参加者にとって、その日を最高の一日にするスタートです。朝一番ですから全員が体が温まっておらず、朝礼参加のスイッチが入っておらず、本気のスイッチも入っておりません。

それを元気よく、テンション高いじゃんけん対戦等をし、声をはって行うことで全員が自ら本気の第一スイッチを入れる場面です。自分一人ではじゃんけんもできません。勝つこともできません。負ける相手がいるから勝つこともできます。また負けたことで、相手をよろこばせて上げることができます。そういう意味もあります。

3．スピーチ訓練

まず仕切りの話を真剣に聴いていないとその日の「テーマ」や「テーマの選定理由」もわかりません。

そこでまず聴くトレーニングをします。

真剣に聴くためには、**スピーチするというチャンスを何としても掴みにいく**という気持ちが大事です。

「絶対、スピーチ訓練を取るんだ！　頂くんだ！」という気持ちがあれば、真剣に聴くことができます。結果としてそのチャンスが得られなくても、その前後で得られるものが全く変わります。

その場で知らされるテーマについて人前で話すのは緊張もしますし、勇気もいります。

ただその人が真剣に本音を話せば、それはどんな話し方でも人に聴いてもらうことができます。

日頃、人前で話すというチャンスはなかなかありませんし、また、自分が話したことを真剣に聴いてもらえ、人の心を動かし、コメントをもらうということもありません。

また仲間の本音の話を聴くことで、**仲間の人間としての背景を知り関係性を向上させる**ことができます。

それらのことは自分自身の人間的な成長を大きく促してくれます。

また日頃どんな仕事ぶりをしていても、仲間との関係があっても、それをリセットする大きなチャンスなのです。

４．Ｎｏ．１宣言

ここでは「〇〇世界一でいきます！」と各自が自分のなりたいＮｏ．１を声をはって宣言します。

ただそのスタッフにとっては一旦、決めたら変わらない不変のテーマです。定数的・定量的なものではなく、定性的で曖昧《あいまい》な部分もありますが、定性的なものであるから全員が決めることができ、宣言することができます。

自分一人の中で思っているだけでなく、皆の前で発表することで、自分との約束事としてより強く潜在意識に刻まれ実現性が高くなります。

またこれはお店の朝礼でも行いますので、より深く自分の意識になり、また絶えず考える自分のテーマになります。

５．挨拶訓練

「おはようございます」「いらっしゃいませ」「ありがとうございます」という挨拶を元気よく声をはって行うだけでなく、○○最高、○○世界一という前向きな言葉をみんなで元気よく発します。

このようなプラスの言葉を連続して発声することで、プラス思考をそれぞれ自分の中に入れ込んでいきます。

6. ハイ訓練

みんなで「ハイ！」という気持ちのいい返事を、声をはって元気一杯繰り返します。気持ちのいい「ハイ！」は接客業、サービス業において、また対お客様、対仲間に対して上下関係なく基本中の基本の言葉です。

この返事が、感じのいい人になれるか、感じのいい接客になるかが決まる入り口です。

このパートを担当することで、他のさらに高いレベルが要求されるパートを任せてもらえるかが決まります。

7．最高の締め

パートを担当するスタッフが、自分の思いをスピーチさせてもらえる唯一のパートです。このパートはその日の本気の心の朝礼を締めくくるとても大事な部分です。

この締めのスピーチは朝礼の気づきの大きさを測るバロメーターになり、また担当は気を引き締めて、とつとつとした話し方でも丁寧に話すことが求められます。

そういうことで言うと、仕切りの次に大切な役割と言えます。

ハイ訓練は、サービス業の基本中の基本

◎第16話　朝礼の完成度はお客様満足度にも直結する

私が本気の心の朝礼を重視するのは、スタッフに**自分の本気モードを知ってもらい、本気の発揮の仕方を学んで欲しい**からです。

・本気の時は前向きで、**上手くいかなかったらどうしよう、失敗したらどうしようなど**という不安は一切、頭をよぎりません

・本気は無意識に自分が元気になっていますし、また相手も元気にすることができます

・本気であれば大きな声を出すことが恥ずかしいという気持ちはなく、簡単に大きなはった声を出すことができます。また**大きな声を出すことで本気度を上げる**こともできます

本気の心の朝礼に各自が真剣に取り組むことで、1人でもいつでも本気のスイッチを入れることができるようになります。

先に触れましたが、本気の心の朝礼に大反対だった円町店は真剣に取り組むことで、近隣店中ずっと最下位だった成績が6ヵ月連続1位になり、上位の常連になりました。

私は本気のスタッフで満ち溢れるお店、会社にしたいのです。

ただ新しくスタッフが入ったり、お店の人間関係が悪くなったりすると、本気のパワーがダウンしたり、チーム力が下がったり、本気の心の朝礼への参加姿勢が消極的になったり、朝礼の完成度が低くなったりします。

朝礼の完成度が低い店舗は、販売もお客様満足度も低下していきます。

ですから、本気の心の朝礼の品質向上と進化に一生懸命になります。

先日も、例のY室長が一喝しないといけない場面がありました。

「ちょっと、円町店どないなっとんねん。共有スケジュールに出席メンバー入っとんちゃうんけ！

どういうことやねんこれ！

連絡もなしで。

なめんなよ。本気でやっとんのや、みな。

寝坊か体調不良かわからへんけど、**体調不良やったら体調不良で連絡してくるんが社会人**ちゃうんかい。

この時間やったらわかるやろが。

もう来《こ》んかも知れんなー。間に合わんかも知れへんな。

電話の一本でも入れたんかい！

ええんか、仲間が遅れても。

誰が電話すんねん。

来れへんのやったら、来れへんんで、何とかうんとかすんとか言うんが普通ちゃうんか。

共有スケジュールに出席と書いておいて来んて、F君も何やねん。お前んとこに連絡あったんかい、YO君」

YO次長「今、部長から私に連絡がありました。理由は寝坊です」

「寝坊!?　終わってるね。

なめてるわ。ほんま。

こんな朝礼やっても何の意味もないわ。

みんな思わへん？　来てるメンバー。

それ許すんか。

何のために朝礼してんねん。O、どやねん」

Oさん「そうですね。久々にやれるメンバーもいたので、朝礼はやりたいと思ってるので許せはしないですけど……、朝礼はやりたいと思ってます」

「やりたいと思ってるんやったら、やりたいで本気でやらんかったら、やらされてるんやったら何の意味もないでこんなもん」

「ただの集まりなんか、これ？

寝坊したらもう来んでええ？　ふざけんなよ。

いや、こんなん思てんの俺だけやないと思う。みんな思てへん？

いやほんま。思って欲しいし、俺はみんながそれ聞いて何も思わへんだら、感覚おかしいて。

1人、2人、寝坊したから来うへん。体調不良で来うへん。

そうやってこの朝礼っておかしなっていくんちゃうん。

こんなん言うたらあれやけどな、俺も北部の朝礼、行ったけど、そんな人、誰もおらん。

KIさんなんか、何時に家出てると思うん。

納得できんわ。俺は。こんなもんで何回も朝礼やったって、形だけやで。

KA、お前同期やったらな言うたれや。

言うべき時に、言うべきことを、言うべき人に言ってくれよ。

せめて連絡ぐらい……。

体調不良やったら体調不良で、『今日、ちょっと体調不良で』って連絡してくるのが人やし。それを俺、新人研修で教えてないか？　教えたよな」

「仲間が遅れた。これは連帯責任やし。そいつが遅れたって、何にも思わへん。知らん。同じ店やろ。同じ同期で入った仲間やろ。

Ｆ君に関しても俺、Ｓ君に言うわ。

寝坊なんて理由、認められへん。二度と来んな思うわ。なめてるよ、この朝礼を。ここで一生懸命、集まってるメンバーに大変、失礼なことやと。

時間も９時になってる。

こんなみっともない姿、見せられへんし」

彼がいなければ私が言わねばならないようなことを、代わりに言ってくれます。

有り難い限りです。

やらされてやるのでは何の意味もない

◎第17話 「本気スイッチ」のオン・オフを上手に使い分ける

人間はいざという時は、自分でも信じられないような力を発揮します。

「火事場の馬鹿力」は、火事の時に、自分にはあると思えない大きな力を出して重い物を持ち出したりすることから、**切迫した状況に置かれると、普段には想像できないような力を無意識に出す**ことのたとえです。

これと同じように同じ人でも「やらされている」という意識でするより「本気になる」ことでその人が持つ能力以上、何倍もの力が発揮できます。

本気になれば弱い力の人でも未知の能力を発揮し、自ずと結果にあらわれます。

本気は、相手や周囲の人に対しても波及します。

逆にやる気のなさも相手や周囲の人に伝播します。

人数が多くなればなるほど、そのチームや組織の本気度は大きな差になります。

また本気の人が多ければ多いほど、大きな良い結果を生み出します。

ただこの本気。いつも本気だと、人間は壊れてしまいます。

ここぞという時に**本気のスイッチを入れる自分作り**をする。これを私は「晴れ時々、本気」と言っています。

しかし本気のスイッチは、長く使っていなかったら錆《さ》びついてスイッチも入りません。

だから、時々スイッチを入れることをしないと、本気のスイッチが入らなくなってしまいます。

自分を振り返って、過去、いつ本気になっただろうと思い出してみて下さい。

そうそうないのがこの本気です。

いつの間にか当たり前のように、当たり前の日常を過ごしているということはないでしょうか。

自分が本気で取り組んだことが思い出せないようなら、本気のすごさも思い出せません。

そうなってしまうと実は本気スイッチも錆びついてその機能をなくしてしまいます。

逆に本気スイッチを時々オンにすると、スイッチも入りやすくなります。

いつもオンにしていると疲れますのでオフにもします。

定期的に本気スイッチをオン・オフにすると、本気のスイッチの押し方がわかるようになります。

繰り返しますが本気スイッチの入った個人の成果、組織の成果は目をみはるものがあります。

本気のスイッチと関係性向上（チーム力向上）、これがバランス良く整った時、計算上では表せないすごいパワーを生み出します。

リオ・オリンピックにおいても男子４００ｍリレーで、誰一人10秒を切ることができないにもかかわらず、４人で37・６０秒のアジア新記録、日本新記録が実現できました。

この４人は**バトンの受け渡しのトレーニングを通じてお互いの関係性向上を極限まで高めた**からこそ、この結果が生まれたのだと思います。

計算上では、１００ｍ10秒を切ることのできない選手が４人走るということは40秒以上になります。

しかし、本気と関係性向上によって生み出された力と運は、未知のものであると改めて痛感しました。

定期的に本気のスイッチをオン・オフにする

◎第18話 スタッフとのご縁は切られても、こちらから切ることはない

よく隣の芝生は青いと言いますが、当社においても過去、色々なスタッフが他の会社がよく見えて退職して他社に行きました。

しかし、そのほとんどの人が結果、仕事を転々とすることになります。

また、外から見たら青く見えた芝が中に入ることによりどす黒い芝であることに気づき、当社のほうが良かった、帰らせて欲しいというスタッフも何人かいます。

私のスタッフに対する信念として、日本の国は法律で職業選択の自由が認めら

れていますので、退職して他の仕事をしたいという申し出の場合は基本的に「NO」はありません。

ただ退職しても、もしもまたこの会社に戻ってきたいと思ったならば、誰に遠慮することなく声をかけて欲しいと伝えています。


例えばこんなこともありました。

40歳のI店長が辞めたいと申し出てきました。

理由は、自分で商売をしたいということでした。その内容を聞くと、墓石の掃除をするというフランチャイズビジネスをしたいというものでした。

私は「それなら頑張ってやってみぃ。思いきりやってみぃ。その代わり、万が一、あかんなと思ったら、いつでも戻ってこい」

「ご両親を亡くして、奥さんの実家が舞鶴《まいづる》やからということでこっちに引っ越してきて、ウチが初めての職場で、俺も君にお世話になった。頂いたご縁や。

ご縁は絶対大事にせなあかん、まして墓石の掃除やったらそれこそご縁は大事にせなあかん。

お墓という先祖代々の思いが一杯詰まっている所を掃除するんやったら、ただただ、無心にひたすらにせえ。

今日はあといくつせなあかん、これでいくらもらえると考えてやったらあかん。色んな魂が一杯入ってるもんを邪心を持ってやったら絶対、失敗する。掃除するだけやのうて、お花を供えさせてもろて、心から手を合わせて丁度くらいや」と言って送り出しました。

それから1年後、そのビジネスが上手くいかなかったのか、

「会社に戻りたい。社長に一度、会わせて欲しい」とスタッフに連絡がありました。

もちろん「いつでも戻ってこい」と送り出しましたから面接をしました。

彼は会うなり、いきなり、泣きながら頭を下げました。

心の中でとてつもない葛藤をした上で来たのだと思います。

「I君。まあまあ頭を上げや。ウチは衣食住のビジネスをするために色んな知識が必要やし、この1年の君の経験は絶対、ウチのためになる。出向してたと思て誰に気兼ねなく帰ってきたらええ」

他にも一度、退職して再度、入社してくれたスタッフがいます。

退職しても仲間は仲間、いつでも帰ってくればいい

◎第19話 人財という漢字に込めた私の本音

私は従業員という漢字にいつも違和感を抱いています。漢字は意味字（文字1つ1つそのものに意味・いわれがある）とよく言われますので、従業員という漢字を1つ1つ見てみると、「従え」「業務」「人」。何と上から目線の言葉でしょう。だから私は従業員という言葉は使いません。当社においては、すべてスタッフという呼び名で統一しています。

世間一般に使う「人材」という漢字も、人の材料と書きますので違和感があります。

誰一人自分と同じ人間はこの世には存在しない。たった1人の唯一無二の貴重な財産だと思います。

生まれ育った環境、教育、思考、そして今日に至るまでの色んなドラマ、その1つ1つがすべて違うのですから「財産」以外の何ものでもありません。

しかしながら世間一般的には、人材＝人の材料と書く字という意味合いが染み付いてしまっています。

こんなことがありました。

ある人材紹介会社のマネージャークラスと話をした時に、その方の口から

「年々、新卒のタマが減ってきてこれからさらに各企業が取り合うことになる」

という言葉がこぼれました。

この話を聞いて何も思わない人もたくさんいると思いますが、私は人のことをタマと言ったその一言を許すことができませんでした。

確かにその会社にとって人材は商品であり、ある意味、タマなのかもわかりま

せん。

しかし、その紹介される人はまさに財と言える愛情と時間を注がれ、ご縁と夢を持った財産です。

だから私は、人の財産と書く「人財」にこだわりがあります。

もし可能ならば建築資材、食材と同じような「人材」の漢字を人の財産の「人財」に換えて欲しいと願うばかりです。

人財は決して商品ではない

第３章

「感謝」すれば心も懐も豊かになる

◎第20話

人として豊かに成長する

当社が利用させて頂いている合同就職説明会の冒頭で、私が講演をさせて頂く機会をちょうだいしました。

以下はその時に話をした内容です。

タイトルは「豊かさの本質を知り、人として成長する」です。

改めまして皆さんおはようございます。

就活お疲れ様です。

今日は○○さんの合同就職説明会にお集まり頂き、本当にありがとうございます。

皆さんのようなエネルギッシュで、そして若い力を、私共テレアースだけでなく、どの企業も今、求めております。

そういった中でこのように皆さんが都合を合わせてこの合同就職説明会に来て頂けたことに大変、感謝しております。

今日は夕方まで十分に時間もありますし、皆さんが気になる企業をどんどん見て頂けたらなと思っております。

この後、皆さんが企業を回られるまでに、この私の話の最後にちょっとしたエッセンスを入れます。

このエッセンスが企業を回った時、皆さんの印象を著しく変えていきます。

30分後には皆さんの表情が著しく変わっているということを約束しますので、きっちりと聴いて頂けたらなと思っております。

どうぞよろしくお願い致します。

「よろしくお願い致します」

まず豊かさの本質を知るということで、私の自己紹介の前に、昨年当社がテレビで取り上げられたＶＴＲを少し観て下さい（当社のホームページで公開しています）。

はい、ありがとうございます。

今、観て頂いたＶＴＲに泣いているスタッフの姿があったと思いますが、この放送で「会社で泣くの？」「あの泣くシーンってどういった場面なんですか」と多くの反響がありました。

パワーを与えられ、そして与える

では私の自己紹介をさせて頂きます。

私は株式会社テレアースジャパン、今日もブースを出させて頂いておりますが、代表をさせて頂いております安達晴彦《はるひこ》と申します。

生年月日は１９６５年10月16日、満50歳でございます。

私の出身は京都の北部にある京丹後市網野町という所でございます。

趣味は仲間との思い出作り、この仲間との、というのは主に当社スタッフとの思い出作りでございます。

そして音楽鑑賞、ゴルフです。

◎第21話
会社選びは人生のパートナー選びと同じ

まず私が今、話しました自己紹介ですが、これは実は今の私の立場紹介です。皆さんも気をつけて欲しいのですが、自己紹介というと○○大学○○学部○○○○とおっしゃいますが、これは自己紹介ではなく、今の皆さんの立場紹介です。何年か経ったらきっと職場からも離れるでしょうし、私はただのおじさん、おじいさんになると思います。

ですから本来の自己紹介、私、安達晴彦ってどんな人という自己紹介をさせて頂きます。

私の実家は祖父の代から丹後で安達燃料店という、燃料屋を営んでおりました。私は今は会社の代表者ですが、１９２７年に創業しております。

今でこそ燃料と言えば、ガソリンだとかガスだとか電気だとか、色々ありますけれども、当時の燃料は石炭とか練炭しかありませんでした。

まだ車も走っていない。ガソリンなんていうものはありません。

キッチンでガス栓をひねったら、火がつく時代でもありません。

そういった頃から燃料屋を営んでおり、そして私も子どもの頃から燃料屋の孫として育ててもらいました。

燃料というのは１９６１年から「ＬＰガス」が普及しておりまして、ガス屋さんとお客さんというのは、携帯のようにドコモからａｕ、ａｕからドコモというように、ころころ変わるものではなくて、ずっとつきあいをするというのがプロパンガス屋のビジネスのスタイルでした。

ウチの家業ということもあって、私の子どもの時の遊び場というのはガス屋さん、そして宿題をしたりするのもこのガス屋さんでしておりました。

そこで色んなお客さんとのつきあいがありました。1500軒近いお客さんがありまして、来店されガスのお金を払いに来るとか色んなお客さんが出入りする中で、私の母親がいつも仕事をしていましたので、その度お客さんを色々と紹介してくれました。

今、来られたのはどこどこの○○社長やで、○○さんやでということを常に教えてもらいました。

そうすることで私もお客さんの名前を覚え、お客さんというものがどういうものかを学んだ幼少期でした。

それが悲しいことに最近は、幼少時代に可愛がってくれたお客様が他界され、私もそうした人たちのお見送りをすることが増えました。

色々なお葬式に出させて頂いて、**生前、あれだけお金持ちだった人が本当に寂しいお葬式で見送られたりする**のを見ると、この世はすべて表裏一体だなと感じます。

派手な表があれば必ず裏がある。

これは昔、良寛和尚が「裏を見せ、表を見せて散る紅葉」という句を詠《よ》みました。

この世はすべて表裏一体。いいことばかりじゃないです。

例えば就活をしていて、いいことばかり言う会社。それはどこかでそれと同じだけの裏がある。

その裏というのは、皆さんが受け止めることができるだけの裏なのか。受け止められないほどの裏なのか。そこは、よく見極めたほうがいいと思います。

私はこの表裏一体というものを、つくづく身にしみて感じております。

世の中は表裏一体、良いことばかり続かない

◎第22話

絶対しあわせになる会社選び

ここで皆さんに少し質問したいと思います。

「今から何年、仕事をしていきますか」

「40年」「定年まで40年」

ありがとうございます。

今から皆さんは、できることなら定年まで仕事をしたいという方がほとんどだと思います。

1年、2年で仕事を辞めたいという人はここには来ていないと思います。

これから皆さんは就職活動をされます。
多分、色んな会社を選びます。
でも選ぶのに少し気をつけて、意識して選んで欲しいと思います。
というのは会社選びというのは、実は人生のパートナー選びと同じです。
どういうことかと言いますと、
めちゃくちゃ男前の男性、でもチャラチャラしてる。
誕生日を覚えてもくれない。
折角の誕生日なのにメッセージもくれない。
そういう男性がいます。
もう1人はそこまで男前じゃない。まあ普通。
でも何よりも自分のことを大事にしてくれる。
自分の親のことも大事にしてくれる。友達も大事にしてくれる。
ウソをつかない。

不平・不満・愚痴をこぼさない。

そんな男性がいたら、どっちを選びますか。

後者のほうですね。

そうなんです。

会社選びは、パートナー選びなんです。

これを間違えないで下さい。間違えるとエライことになります。

給料もウチの会社はこんなに出しますよ。休みはこんなにありますよ。福利厚生も、こんなことがこんなにありますよと言う会社があります。

でもこういう会社こそ裏があると思うべきです。

給料を高く出さないと人が集まらない。

人が集まらない＝離職率が高い。

離職率が高い＝その会社に入っても豊かな生活が実現できない。

私も先日、衝撃的な話を就活している方から聞きました。

何かというと、内定の断りに行ったらバケツの水をかけられたと言うんです。

そして電話では闇金融のように「ふざけんなこの野郎」と言われる。

その会社は表向きは上場企業で、いわゆる大手と言われる企業です。

私はその話を聞いて、めちゃくちゃ腹が立ちました。

なぜかと言うと我々は中小企業ですが、**まじめにやっているまじめな会社**だからです。

皆さんは今日《こんにち》に至るまで、平々凡々と生きてきた訳じゃないと思います。

学校に行かせてもらい、また実家や親元から離れて、寂しい思いをしながら、時には苦しい思いをしながら、ホームシックになることもあったでしょう。

ご家族もご両親も、大学に行かせるというのは経済的にも精神的にも大変です。

お母さんがパートに出たり、仕事をもう1つ掛け持ちしたりして、皆さんはそのようにご両親から一杯、愛情を受けて、きょう今日があります。

これから仕事選び、会社選びで今まで頂いた恩をご両親にお返しするためには皆さんが絶対、しあわせにならなきゃいけないんです。

だから会社選びは絶対、気をつけて下さい。

どうやって会社を選ぶか。

その会社の人事の人だとか、代表の人だとかはいいことしか言わないものです。

じゃあどうするのか。

それは、そこの会社で働いているスタッフの表情を見に行くことです。

これしかありません。一番、手っ取り早い方法であり、確かなものを見ることができると思います。

働いている人の表情を見に行こう

◎第23話 まじめに生きていくと、いい顔つきになる

豊かな生活の実現というのが当社の経営理念なんですが、豊かな生活を実現するためには必要なものがあります。

それは「感謝」なんです。

「感謝」という言葉は皆さんよく知っておられます。

でもこれから**社会に出たら、感謝するというトレーニングを徹底的にやって欲しい**と思います。

それは感謝するというトレーニングをやらないと、皆さんがしあわせになれな

いと考えているからです。

これから皆さん就職される中でも、感謝することを重視する会社、皆さんの感謝の価値観に合う会社を選ぶことが最も大事だと思います。

当社では感謝をするというトレーニングを通じて、感じのいい人になることを心がけております。

先ほど私はその会社のスタッフを見ることと申しましたが、ここで当社の社員旅行のビデオを見て下さい（YouTubeに動画をアップしております）。


皆楽しそうでしょう。いい顔つきをしていると思いませんか。

これは「楽しめる」今、自分、仲間、環境に感謝をするという気持ちが込められているからこのような表情になります。

当社の社員旅行は各店から実行委員が選ばれ委員会を十数名で作ります。そして実行委員長、会計、修学旅行のように旅のしおりを作るチームがあります。

そうしてスタッフがスタッフのために作る、非日常の経験ができる旅行というものを実施しております。

私は顔つきというのにすごくこだわっておりまして。これは今まで皆さんが生きてきた証であり、生きてきたものすべてが顔に出ます。

就活する中でしんどそうな顔をしていたら、皆さんもっといいものを持っているのに評価されない場合があります。

ですから顔つきはとても大事です。

元野球選手で覚醒剤で逮捕された人がいますが、悪い顔をしてたでしょ。

悪いことをしてくるとあのような顔つきになるんです。

まじめに生きていくと必ずいい顔つきになります。

だからまじめに生きていくことが大事なんです。

ここにおられる皆さんはみんなまじめな方。とてもいい顔つきをされています。

その顔つきを、さらにパワーアップしたいと思います。

当社で行っている、感じのいい顔つきになるためのトレーニングをここでお話しします。

人間には右脳、左脳があり、右脳で挨拶をしたらどうなるのか、左脳で挨拶をしたらどうなるのかを当社では勉強しております。

例えば、何か考え事をしながら右手でペンを走らせると左脳が大きく働きます。その状態で挨拶をするととても感じの悪い挨拶になります。

逆に楽しいイメージや明るいイメージを持ち、そして、左手を心臓より高い位置で動かし**右脳を働かせ挨拶をすると、とても感じのいい挨拶**になります。

それでは皆さんがこれから色んな企業を回るために、より感じのいい表情になるために最も効果的な方法をやりたいと思います。

一番前に座っているあなたとあなた。どうぞ前に出てきて下さい。

実は彼ら2人は私の講演を最初からずっと聴いてくれているので、疲れぎみなのか無表情で、ある意味、感じが悪くなっています。

この2人を無茶苦茶、感じのいい表情に変えます。

それでは私が両手を心臓より高い位置で拳を握って左右に振りながら「ラッキー」という言葉を発しますので、私と同じアクションで「ラッキー」と言ってみて下さい。

それではいきます。


私　　（大きな声で）「ラッキー」

その2人（小さな声で）「ラッキー」

私　　（もっと大きな声で）「ラッキー」

その2人（少し大きな声で）「ラッキー」

（これを5回ほど続けた後の彼らの表情はとても感じのいい好青年の表情になりました）

それではここにおられる50名の皆さんも一緒にやってみましょう。

（私と前に出てきてくれた2人が大きな声で）「ラッキー」

（皆さんからは小さな声で）「ラッキー」

（私たちからさらに大きな声で）「ラッキー」

（皆さんから少し大きな声で）「ラッキー」


（これを数回した後の50名の皆さんはとても感じのいい表情になり、この会場の空気までもがプラスの空気になりました）

皆さんこの表情で企業を回って下さい。

すると「あなた感じのいい子やね」と思われますから。

皆さんもこれから社会人になられます。

会社の先輩や**上司、取引先の方々、今までに接したことのない方々と対話をする機会**が出てきます。

その時も同じです。「ラッキー」です。

また会社に入ったら勉強会、色々な講演会に参加することもあると思います。

その時に心がけて欲しいのが、今日の会場の皆さんの座り方でもわかるように、前の席が空いていると、話し手がとても話しにくいという点についてです。

前の席から詰めることで、**話し手から多くの話を引き出す**ことができます。

このように聴き手の行動一つで、**話し手にとって話のしやすい環境を作る**ことができます。

すなわちそれは話し手のみならず、聴き手にとっても最大の効果を得ることになるのです。

いくらマイクやスピーカーが整っているからといって、それで前の席を埋めることはできません。

声は届いたとしても、聴き手との距離が開いてしまうことで気持ちを届けることができなくなります。

だから近い距離で話を聴くことを心がけて下さい。

皆さんがそれぞれに勉強、経験してきたその熱い思いを、興味ある企業にどんどんぶつけて下さい。

そしてぶつける時には、先ほどのラッキーの表情でいきましょう。

今日はありがとうございました。皆様のご多幸を祈念します。

人の話は近い距離で聴く

第4章

地域密着ビジネスを成功させるトレーニング

◎第24話

悲しみは人を深くする

私は中高生になると今度は会社の手伝いでガス代の請求書を配ったり、集金に行ったり、お客様の家に伺うことが多くなりました。

何度もお客様の家にお邪魔している内に、「あんたは安達さんとこの息子さんか」と訊かれるようになり、そうとわかると、お客さんはどことなく安心したような表情になり、「あんたとこのお父さん、お母さんには世話になってる。最近、顔を見ないけどお元気？」と色々な先で言われました。

そんな時に祖父、祖母、父親、母親と脈々とつながっている、私が生まれる前からのお客さんなんだと改めて実感しました。

そして私も、このようにお客さんたちに可愛がって頂けるように働かなくてはいけないと子どもながらに思いました。

当社のプロパンガスのお客様は1961年から生活用燃料としてプロパンガスが普及し始めた頃からのおつきあいです。まさに半世紀以上のおつきあいです。私の家族のみならず、親戚のことまで知っているくらい、親しい方がたくさんおられました。

中学校3年生の冬休みの年末、大雪の中、歩いて請求書を配りに行った時のことです。

私は頭にたくさんの雪を載せながらお邪魔したので、気の毒に思ったのでしょう。ご主人が「晴彦君、こっちに来てストーブにあたりなさい」と言ってくれました。そして私が暖をとっていると、ストーブの上で餅を焼いて、わざわざ砂糖醤油もこしらえて出してくれました。

その砂糖醤油のお餅は私にとって忘れられない、心のこもったとても美味しい味でした。

お餅を頂いていると、ご主人が冗談で「娘2人が夜もシャワー、朝は朝で朝シャンとか言うてシャワーを浴びて頭を洗う。おかげであんたとこに払うガス代が高うなってしまう。わしらあんたとこにガス代を払うために仕事をしてるようなもんや」と笑いながら話してくれました。

そのご主人も数年前に認知症になり、東京の方に嫁いだ娘さんから「お父ちゃんをもう施設に入れるから、安達さん、ガスを引き上げて欲しい」と電話があり、当社で40年勤めてくれている担当者がガスを引き上げて帰ってきました。その表情は何とも言えない寂しく悲しい表情でした。半世紀以上のおつきあいをしていたにもかかわらず、たった1本の電話でご縁が切れました。

それから2年ほど経って、そのご主人も他界されてしまいました。

地域に根ざした生活必需品のプロパンガスの事業と聞くと安定した収入のある、

人との接点の多い温かいビジネスのように思えるかも知れません。

お客様との距離が近いだけに、良いこともたくさんありますが、お客様とのつきあいが長いだけに、それ以上に離別や死別という悲しいこともあります。そのことに**抗《あらが》うことができない老いと限りある命を痛感する毎日**です。

私は苦しみは人を強くすると信じています。

悲しみは人を深くすると信じています。

しかし、それはそうとでも思わないとやりきれない自分が本当はあるからです。

そのようなことは私たちの業種だけでなく丹後地方という少子高齢化、そして凄まじいスピードで進んでいく過疎の地域ではどの業種も同じです。

母親がお客様の命日を記しているノートがあります。

今、私は丹後を離れ、主に京都市内で活動していますが、月に何度か丹後へ帰った時に、母親は私に「今日は○○さんの命日」と教えてくれます。

そういう日はお宅にお邪魔して「済まない」という思いで手を合わせさせて頂きます。

（「済まない」というのは生前にもっと色々なお返しをしたかったということもありますが、まだ済んでいない、これからも事あるごとに思い出すから「まだ済まない」という意味もあります）

手を合わせていると、特に私が小さい頃に可愛がってもらった記憶が蘇り、頭の中を思い出が駆け巡ります。

その方はもう私と同じこの世の中にはいないけれど、はっきりと私の記憶の中にはおられます。

その記憶の扉を時々、開いて思い出すことが、私にできるせめてもの弔いです。

お客様とは近く長くつきあう

◎第25話
あの世に行かれても大切なお客様

私が時々、お邪魔する喫茶店「ジャッキー」でも常連さんと言われるお客さんがどんどん他界され、いつもその店に来たら座っていた指定席が自ずと空くようになっていています。

丹後の網野で昔から魚屋「田清《たせい》鮮魚店」を営んでいる田茂井《たもい》さんもその1人で、ジャッキーに行くと、いつもの指定席で機嫌よくコーヒーを楽しんでおられました。

田茂井さんは70代。その時代の人にしては珍しく身長は180㎝もあり、若い頃から腕っ節も強く、リーダー格の存在で、いわゆる田舎町の「番長」でした。

みんなから「田清さん」「田清さん」と慕われていました。

その田清さんからも私はとても可愛がって頂き、ある日「晴《はる》ちゃん、その革ジャンええなー。わしに売ってくれんか」と言ってきました。それ以前も体格が私と似ていることもあって、何枚か服をプレゼントしたことがあります。しかし、着ているジャンパーをその場で売ってくれと言われたのは初めてです。

そのジャンパーはぱっと見では革ジャンに見えるのですが、素材はビニールでレザーに似せたジャンパーです。

ですから私は「お金なんか要《い》らんよ。プレゼントするわ」と言って、着ていたモノをその場で渡しましたが、そこは番長。「こんないいモノをタダでもらうわけにはいかない」となかなか引き下がらないので、「そしたら1000円だけちょうだい」と言って手打ちにしました。

とても満足げにそのジャンパーを羽織って、ジャッキーを後にされました。

それから5年ほどあと、田清さんは胃ガンに侵され入院してしまわれました。

その話を聞いて、私は近くの病院までお見舞いに行きました。

お花とお菓子を持って見舞いに行くと、病室に奥さんもおられました。

すると奥さんが「安達さん。ちょっと運んで欲しいモノがあるから手伝って」

と私は病室の外に連れ出されました。

そして駐車場まで奥さんに付いて行くと、実は1人でも持てる軽い荷物でした。

「主人はあのように見えても、ものすごく臆病で怖がりなんです。今回の病気も本当は胃ガンなんだけど、軽い胃潰瘍《いかいよう》だと言っているので本人にはガンということは内緒にしておいて下さい」

再び病室に戻ると田清さんは、いつもと変わらない笑顔で「ただの胃潰瘍だから、すぐ退院して帰るのに晴ちゃん、わざわざ見舞いに来てくれてありがとう」

それから入院は長引き、2ヵ月。すっかり痩《や》せ細ってしまい、自力で立てない状態になってしまいました。

いよいよ家に帰すということになり、退院をしました。

良くなっての退院ではなく、見送るための最後の退院です。

退院当日、お宅まで見舞いに行きました。

背が高くあれだけ体格が良かったのに、ガリガリに痩せ細り、最早、言葉も聞き取りにくいくらいの細い声。

「田清さん早く良くなって一緒にジャッキーに行こうよ」

私は田清さんの涙を初めて目にしたことに驚きました。ポロリとこぼし、私の手をきゅっと握りました。

その様子を奥さんと息子さんご夫婦がはたで見ていて、いたたまれなくなったのか、部屋から出ていかれました。部屋には私と田清さんだけ。

か細い声で「晴ちゃん。わしガンと違うかなぁ」

「そんなん違うよ。胃潰瘍や」

「胃潰瘍ってこんなに悪くなるん?」

「ガンやったら退院はまずない。胃潰瘍やて」

私が精一杯、作ったつもりの笑顔は見透かされました。

「晴ちゃん。ほんまのことを言うて。晴ちゃんやったらほんまのこと言うてくれるやろ」

私の中で言葉がなくなりました。

田清さんの目からはただただ涙がポロポロ。

「多分、僕より先に田清さんはあの世に行くでしょう。僕もいつかその場所に行きます。だから田清さん。先に行って、**陽当りのいい、綺麗な景色の見える特別席を取っておいて**」

「ありがとう。やっぱり晴ちゃんだわ。わしが最高の場所を取っといてやる。その代わりゆっくり、ものすごうゆっくり後で来てくれ」

田清さんの表情は心なしか明るくなったような気がしました。

もう私だけでは無理です。

一杯思い出を持って逝《い》ってもらうために、ジャッキーの常連さんたちに協力してもらって、励ましのビデオを撮影しました。

10名ほど協力してくれました。

「早く元気になって一緒にコーヒー飲もうよ」

「いつまで寝てるの。早くコーヒー飲みに来な。みんな待ってるよ」

「はよ来な。指定席、わしがもらうで」

後日、お宅にお邪魔し、寝たきりの田清さんが見やすい位置にテレビを移動し、みんなからのビデオメッセージを観てもらいました。

田清さんはずっと涙。

「晴ちゃんありがとう。こんなことまでしてくれてほんまありがとう」

私の手をぎゅっと握りしめてきました。

私もやっと涙させてもらうことができました。

声を出して。

結局、それが田清さんとの最期の別れになりました。

お通夜に行くと、5年前に田清さんに1000円で売った例の革ジャンが棺の中に入っていました。

そのジャンパーはセリ市場や狭い冷凍庫などを行き来してできたひっかきキズや破れなどをガムテープで貼り、ずっと愛用してくれていたんですね。

あとで奥さんから聞いたのですが、「そのジャンパーもう破れたし、あんた新しいの買《こ》うたら」と言っても、「これは晴ちゃんから分けてもらった大事なジャンパーだ。破れはガムテープを貼れば大丈夫。まだまだ着れる」と言いながらずっと着てくれていたそうです。

肌寒い季節になって似たようなジャンパーを着ている人を見かけると、いつも田清さんのことを思い出します。

それだけが私が田清さんに今、できることです。

長くなってしまいました。すみません。

地域密着型の仕事を続けていると、色んな経験や苦しみ、悲しみが積もります。地域のお客様とのこうした絆が、私を今日まで支えてくれていると確信しています。

切っても切れない地域密着型ビジネスの絆

第26話 豊かさの本質を知る

前話で語りましたように可愛がってくれたお客様が何人も他界され、たくさん見送らせて頂きました。

本当に色々なお葬式があります。

丹後で株の神様と言われるお客さんがおられました。

その方は、持っている株を売却すると約20億円ほどになる資産家です。

その話を聞いたら一瞬、すごく豊かだなーと思います。

でもその方の生活は、豊かさのイメージとはかけ離れた質素なものでした。

食料品は近くのスーパーに閉店間際に買いに行き、30％、50％安くなったものしか買わない。

そして冠婚葬祭があるとお祝いや香典にお金がかかると言って、親戚づきあいはもとより、近所づきあいも一切しない。

町の氏神様の祭りがあっても、目の前を神輿《みこし》が通っても1円たりともお花（寄付）はしない。

車も十数年前の軽に乗っておられ、一度も洗車もしたことがない、オイル交換もしたことがない。

マフラーからは白い煙。

保険にも入らない。

普段の口グセは「もったいない」。

歯医者さんに行くのももったいない。

病院に行くのももったいない。

私は一度、「病院に行くのが、なぜ、もったいないんですか」と尋ねたことがあります。

すると「病院に行ったら、治療代が請求され、その上、薬代も請求され、病院の先生が儲けるためにそういう仕組みを取っている」と。

ある日、腹痛でどうしようも我慢ができなくなり、救急車を呼ばれました。救急車で病院に運ばれ「お金がかかる治療はするな」と先生に釘をさしたそうですが、検査をしないと治療のしようがないということで、しぶしぶ検査を受けることになりレントゲンをとりました。

結果は誰が見てもすぐわかるようなガンが、体のあちこちで見つかりました。

奥さんは先生から「どうしてこんなになるまで放っておいたのか」と叱られました。

しかし、奥さんが「病院に行け」と言っても、行くような方ではありません。

その数日後にご主人は亡くなってしまいました。

亡くなられた後、株券を売却され、とてつもない金額の遺産になりました。その相続で奥さん、息子さん、娘さんがもめにもめたそうです。なんて貧相な結末でしょう。

このようなことがあって、私は**何が豊かなのか、何に価値があるのか、生きた証とは何なのか**、真剣に考えました。

いくらお金があってもあの世には持っていけません。お金というのは、この世で使う権利を持っているというあくまで借りものです。土地も借りものです。立場、役職、名誉も借りもの。もっと言うならば自分の体自体もある意味、借りものだと思います。

私の顔、私の手、私の体。私の○○と「私の」と付くものは私そのものではありません。

ですから、すべてこの世に置いてあの世に行きます。

もしもあの世に持っていけるものがあるとするならば、「私に刻む思い出」だけではないでしょうか。

いやせめて、**思い出だけはあの世に持っていける**と信じたい。

ですから楽しい思い出、苦しい思い出、色々な思い出を限られた命の中でどれだけ頂くことができたか、それが何よりの財産だと確信しています。

いい思い出、楽しい思い出をたくさん作ることが、人生を生きる上で大事なことだと思います。

お金も、土地も、すべてこの世の借りもの

◎第27話

2つの「豊かさ」のバランスが生活の質を決める

私たちの会社では「豊かな生活を実現しよう」という目標をスタッフと共有しています。

豊かな生活の実現のために、まず豊かさの本質を知ることが最も大事です。

お金があるから豊かなのではない。

いくらお金があっても、日々の出来事を話せる家族や仲間がいなければ、それはとても寂しいものです。

またいくらお金を持っていても、体が不健康で美味しいものが美味しく頂けない状態なら、これまたむなしい限りです。

豊かな生活の実現は、ある一定の経済的な豊かさと感謝するという心の豊かさ、この2つをバランス良く兼ね備えないと実現できるものではありません。

だから私たちは朝礼などを通じて日々、感謝するというトレーニングを行っています。

当社はスタッフの関係性向上（チーム力向上）を大事にしています。ですから日々の業務でのチームワークはもちろん、色々なイベントも本気で楽しめるようにしています。

中でも社員旅行はスタッフが何から何まで主役で参加率がとても高い行事です。役職に分け隔てもありません。

夜の宴会では私も含め全員、くじで座席を決め、上座・下座もありません。宴会ではゲームが準備されており、1位になったスタッフには賞品を出し、皆、必死になって対戦しています。

そして寝る時は私も皆と一緒で、相部屋です。

社員旅行の一つ一つの思い出や景色をバッチリとカメラにおさめ、後で皆で思い出して笑います。

社員旅行でスタッフが本当によろこんでいる様子を見ると、「頑張ろう」という気持ちが強くなります。

食事会でも「美味しい」というスタッフの笑顔が、私にとっての一番のご馳走《ちそう》です。

スタッフとの思い出作りは私の豊かな生活を実現する上で、これ以上、ないものです。

社長もスタッフも相部屋で寝る

◎第28話

人づきあいで大事なのは心、もっと大事なのは言葉です

新入社員に一番最初に私が教えること。

それは、食事を頂く時に「頂きます」と口にしますが、「頂きます」と心から思ったかどうかを問い、また「頂きます」の意味を伝えることです。

どのような感謝の気持ちを持って頂くのか。

普段、形式化されたルーティンのように、何も心から思わずただ「頂きます」と言っていないかどうか。

もしも心から「頂きます」と思わないのに、口先だけで頂きますと言って、食

事をしているならそれはとても怖い状態であると思います。

思っていないことを平然と口にする。

それが当たり前になってしまうと、**言葉が心と離れて口から出る**ようになってしまいます。

するとそういう人が親になった時、子どもも親と同じように**思っていないことを口にする**ようになってしまいます。

ありがとうと言っているにもかかわらず、ありがとうと思わない。

このような状態が当たり前になってくると、この国は滅んでいきます。

なぜなら日本は漢字という意味字（文字一つ一つそのものに意味・いわれがある）を多く使う国、言葉に魂が宿ると考える「言霊《ことだま》」の国なので、言葉に思いを乗せられないというのは、とても残念なことです。

人それぞれですが、私は幼少の頃から母親に「ウチがこうしておまんまを食べさせてもらえるのはお客さんのおかげなんよ。ありがたいなー」と何度も聞かされましたので、こうして食事を頂けるのは「お客様のおかげ、スタッフのおかげ」と感謝の念を持って手を合わせています。

ですから私にとって「頂く」という言葉は、とても大事な言葉です。

ご縁を頂く、チャンスを頂く……。

私はそうして小さい頃から「感謝の気持ち」を躾《しつ》けられました。ただ「感謝の気持ち」を持っていても、それを「ありがとうございます」という言葉にしたり、ものでお返ししたり、お世話でお返ししたりしないと相手に伝わりません。

当社の朝礼では「人とのつきあいで大事なのは心ですが、もっと大事なのは言葉です」と唱和しています。

感謝して人と接すると、また別の素敵なご縁を頂けます。

ものでも感謝の気持ちを持って大事にして扱うとなくなることもありませんし、手入れをすると長持ちしてくれます。

ものでも人でも大事にすると、今度は自分自身を大事にしてもらえます。

大事にしていないのに、大事にしてもらおうというのは手前勝手でわがままなことです。

出身の京丹後市網野町への感謝の気持ちを込めて、当社では毎夏、「夜の市」という、夜店あり芸能人によるステージありの1500名以上が集まるイベントをこれまで9回開催してきました。秋にはソフトバレーボール大会を主催し毎年350名以上の方々が参加されます。

またスタッフは一人一人が大切なので、誕生日のお祝いをします。男性には彼が着けないような、持っていないようなデザインのネクタイ等、女性にはその時のトレンドに合ったものをプレゼントしています。

今ではスタッフ150名になりますが、500名まではプレゼントできるかなと思っております。

よく「会社は経営者の器以上に大きくならない」と言われますが、だとしたら私は500名までの大きさは目指したいと思います。

私は幼少の頃から母親から感謝の気持ちを躾けられましたが、その大事さ、位置づけを直接伝えられるのは５００名までと感じるからです。

人生を生きていく上でとても大切な「感謝の気持ち」をスタッフ共々、高め、片時も忘れないように感謝のトレーニングをメール等でことあるごとに行っています。

感謝するというトレーニングで、良いご縁を頂く

◎第29話 すり減った靴では良い仕事はできない

ある男性スタッフに東京のショップに転勤してもらう時に、私は京都駅まで車で送りました。その途中、彼の靴がかなりすり減っていることに気づき、東京行きの新幹線はまだ何本もありましたので、「ちょっと時間、いいか」と言って、デパートに寄りました。

そして私がいつも買う靴売り場に一緒に行き、「どんな靴でもいいから、好きな靴を選んでみぃ。東京転勤のお祝いにプレゼントするから……。人は靴を見てその人を見るということを聞いたことあるやろ。靴は自分ではなかなか目やお金が行き届きにくいものやけど、今、君が履いてる靴は十分、役割を果たしてくれた。この靴にも思い出はあると思うけど、**すり減って傷んだ靴は足元を不安定なものにする**から、いい仕事もできなくなる。だから、何か気に入った靴がないか選びなさい」と言いました。

するど彼は「こんな高い靴を買ったことがないので、何がいいものなのかわかりません。ぜひ、社長が選んで下さい」

「そやなー、じゃー今、僕が履いてる靴の色違い。それはどうや」と尋ねました。

「社長と同じ靴の色違いなんて、僕にはもったいないことです」

「何ももったいないことはない。この靴を履いて**いきいきと仕事をする君の姿を見る**ことができたら、これほど価値のあるものはない」

そうして彼は私と色違いのお揃いの靴を履いて東京に行きました。

今もその靴をとても大事にしてくれていて、手入れも念入りにし、かかとが減ってきたら靴修理に出しているようです。

その彼が今、東京で欠かすことのできないスタッフでいてくれることがとても嬉しいです。

私にとっては息子のような世代ですので、どこかで父親代わりとして応援したいという気持ちがあったのでしょう。

社員がなぜか息子に思えて応援する

第30話
一度吐いた言葉は引き戻せない

言葉というものは、重いものです。一度、吐いた言葉は口から放たれたら最後、引き戻すことはできません。吐いた言葉は空気をビブラートし、誰かの耳に伝わります。

伝わった瞬間、**聞いた相手の記憶にインプット**されます。

だからこそ、言葉は考えて発するようにしています。

「言っていいこと悪いこと、言っていい人悪い人、言っていい時悪い時」

そこを間違えると取り返しのつかないことになります。

だから当社では、毎朝の朝礼時に「人とのつきあいで大事なのは心ですが、もっと大事なのは言葉です」と唱和し、言葉にすることで得られる効果と、言葉にすることで失うものを日々、意識しています。

言葉の中でも悪口。

これは気をつけなければなりません。

悪口は人に対する場合もあれば、モノやサービスに対する場合もあります。

悪口は多くの場合、その本人・当事者に直接ではなく、逆にその本人や当事者のいない所で言われます。

陰口です。

・あの人は○○

・あまり美味しくない

・あのお店は○○

・あそこのスタッフは◯◯

時に文句ばかり言っている人がいます。

悪口を言う人はそれでスッキリして楽になるかも知れませんが、聞かされる相手にとっては決して愉快な話ではありません。

その人はそのことに対してあなたと同じように、悪くは思っていない可能性、逆に良く思っている可能性もあります。

それをあなたの一言が相手に影響を与えるとしたら、それは迷惑な話です。

突き詰めていけば好みの問題です。

好きか嫌いか。

好き嫌いは皆、違います。個性があります。

時に訊いてもいないのに、知りつくしているかのようにうんちくを語り、不味《まず》いだの、美味しくないだの、上手じゃないだの、下手だの語る人がいます。

それはしてはいけません。

相手は美味しい、この味好きと思って味わっているかも知れません。

相手は、こんなことは自分にはできない、すごい、上手いと思っているかも知れません。

そういう相手の豊かな思い、素敵な気持ちを消す権利は誰にもありません。

文句ばかり言っている人には誰も近づかなくなります。

一緒にいて楽しくありませんし、自分のこともどこかで悪く言われているかも知れないと心配になります。

あなたが悪口を聞いたら、聞き流して、黙っておくことです。

あなた自身が何か悪口を言いたくなっても、黙っておくことです。

悪口は言うだけマイナスの多い、周囲の空気を悪くする毒気の多い言葉です。

あなたはそれで気が晴れるかも知れません。

でも悪口はあなたの印象も悪くするおそれがありますし、回り回ってあなた自身に戻ってきます。

腹が立つ、痛い、つらい、悲しい、面白くない、不味いなどのマイナスの言葉やため息は最終的には自分の得にはなりません。

これに対してありがとう、楽しい、嬉しい、面白い、美味しいなどのプラスの言葉は相手にとっても自分にとっても良い効果があります。

マイナスの気持ちや言葉を自分の中で処理する修業が必要です。

また、相手に本当に心を開いてもらおうと思うのならば、あなたは口が堅いほうがいいのです。

つきあいのある人ならなおのことです。

私は知り合いと会ったらたいていの場合、挨拶をし、言葉を交わします。

しかし、そんな私ですが、中には自分から積極的に避ける人がいます。

それは非常に口の軽い人です。

陰で何を言われているか知れたものではありません。

口の軽い人というのは誰と会っても、あの人がどうの、この人がどうの、自分はどうのと兎に角、よくしゃべります。

いわゆる「おしゃべり」です。

他人のことをそれだけしゃべるということは、自分のいない所では自分のことも同じように何か言われているおそれもないとは言えません。

良いことを言われていようと、悪いことを言われていようと、何を言われていようが、むしろ何も言われないほうがましに思います。

「放っておいて下さい」という感じです。

こういう人に何か相談することなど想像もできません。

こういう人は信用されず、心を開いてもらうこともなく、本当に大事な情報は入らないのではないでしょうか。

口は話すためにあります。

だからと言ってとりあえず何でも言葉にすればいいということではありません。

時には「これは言わない」「これは黙っておく」「これは他言しない」とはっきりと意識し黙っておくことも必要です。

何をどう話すかも大事ですが、どう黙っておくことができるかのほうが、その人の知性や理性や品格を知ることができるのかも知れません。

言葉で得るものと失うもの

◎第31話

自分から動かなければ、ご縁は生まれない

ご縁はとても大事なものです。

この世に生を受けることもご縁。両親のもとに生まれたのもご縁。兄弟姉妹がいるのもご縁。長じて友達ができるのもご縁。

人生は出逢いやご縁の連続です。

人間は誰一人として自分一人だけで生きられるものではありません。

常に誰かの助けを借りないと生きていけません。

すなわちご縁を大事にしないと生きてはいけませんし、豊かな人生を送ること

はできません。

ご縁を大事にしていると、また次のご縁が生まれますし、ご縁が良縁であれば、またそこから良縁が生まれるように思います。

同じ時に偶然、同じ場所にいて、相手に気づく。

これは奇跡に近いものがあります。

人がばったり会ったりすると「町は狭いですね」と言いますが、町が大きくても会う人とは会うし、狭くても会わない人とは会わない。町が狭いのではなく、会う人とは「縁が深い」、「今、縁が深い」のではないかと思います。

ご縁を感じても、丁寧におつきあいしないと、良縁にはなりません。

良縁になるとまた別の人をご紹介頂いたりして、さらにご縁が広がります。

そしてそのご縁をまた良縁にすると……、どんどんご縁の輪、良縁の輪が広がります。

6年前の2月に面白いご縁がありました。

もう夜中という時間帯にSSでガソリンを入れていた時、酔っ払ったおじさんが「もう終電をのがしたから、家まで送って欲しい」と言ってきました。見たこともないです。

私も丹後に帰らねばならず、それから2時間はかかります。

「送ってあげられたらええんやけど、そういう訳にはいかない事情があるので……」と断っているのに、そのおじさん、いや紳士は勝手に助手席にちょこん。

一向に車を降りる気配もありません。

結局は根負けして「気分が悪くなったら絶対、言うてや」ということだけ言って聞かせ送ってあげました。

その紳士を見ると送別会帰りだったのか花束を抱えていました。

「ありがとう。名刺だけちょうだい」と言われて別れました。

後日、その奥様から丁寧なお手紙が届き、ショップオープンにはご本人から豪華なお花が届きました。


突然のお手紙で失礼いたします。

昨夜、長岡京市から梅津まで車で送っていただいた○○と申します。

主人は深夜ご機嫌で帰宅し「人の縁て不思議やなぁ」と成り行きを嬉しそうに話してくれました。縁というより「ご好意」の一言ですが、なぜ途中下車したのか……寝ていて間違って降りたのだと思います。

神戸からタクシーで帰宅などということもできず、昨夜は手持ちが少なかったのでしょう。

このご時世に見知らぬ者を、まして酔った者の厚かましいお願いを快く聞いてくださったことを本当に感謝しております。

主人は嫌なことがあり、飲んだと思われますが、余程、嬉しかったからでしょう。上機嫌で休みました。

アルコールが入ると口が少し悪く、うるさい程、話すもので、きっとご迷惑だったろうと想像できます。

お若いのにご活躍ご成功もお人柄を思うと頷《うなず》けます。

本当に有り難うございました。

私も主人も心に残る夜になりました。

安達様の益々のご隆盛をお祈りしております。


何とその酔っ払いは、日本を代表する歴史のある東証一部上場企業の役員さんでした。

色々な出逢いがあるものです。本当に面白いものです。

今、考えると私の身なりを見て、私もその方の身なりをみて一応の安全確認をしていたのでしょう。

まずご縁を頂くためには自分から動かなければなりません。あるいは相手から来てもらえるように仕向けなければなりません。

いずれにしても動かなければご縁は生まれません。

この世には「縁神様《えんがみ》」という神様がおられるように思います。

他にもたくさん神様がおられますが、同じように縁神様も大切にしないとこちらに気づいてくれないし、守ってもらえないし、黙って去っていかれるように思います。

では縁神様に好かれ、ご縁に恵まれるためにはどうすればよいでしょうか。

それはどんなご縁でも大事にすることだと思います。

そしてご縁を頂き、良縁に変えていくためには、どういう心持ちが必要でしょうか。

それは「感謝の気持ち」です。

「ありがたい」、「有り難い」という気持ちです。

そして「感謝の気持ち」を口に出したり、ものや行為でお返しをしたり表現することです。

縁に恵まれるためにはどんなご縁も大事にする

◎第32話 漢字は「意味字」、正しく理解して時代に合った表現を

先にも申しましたが、漢字というのは意味字と言われるように、漢字の意味を理解しながら使うようにスタッフにもいつも話をしています。

ただこの漢字ですが、随分、昔に作られた字であり、**生活習慣が変わり、時代背景も進化してきた今、その見直しが必要である**と感じています。

例えば平成の時代、お手洗いのことをトイレと表現しますが、昭和の頃は便所と表現しました。さらにその昔は厠《かわや》と言う呼び方で表現されました。

時代の変化に伴って、表現が変わった例の1つです。

このように今の時代になって違和感を覚える漢字がたくさんあります。

その中でも一番、見直さなくてはならないのは、私は「必死」という熟語だと思っています。

この「必死」という漢字は今の時代には重すぎると感じます。

「必死にやれ」「必死にならんか」「必死に勉強しろ」などなど。

「死ぬ気で頑張れ」という意味合いがありますが、死んでしまえば、元も子もありません。

内閣府では**自殺者の総数は毎年2万4千人ほど**と把握しているようですが、実際にはその数倍いると言われています。

私はこの必死という字を「必死」から「必思」もしくは「必志」に変えるだけで、多くの自殺者を減らすことができると信じています。

先日、体にハンディのある人たちが19名殺されるという痛ましい事件がありました。

各メディアはこの報道で「障害者19名殺される」と表記しました。

この漢字表記は体にハンディのある方を、読みようによっては差別するものであるとされ、数年前から「害」がひらがなで表記されるようにもなりました。

それにもかかわらず未だに公害の「害」を使うことに私は違和感を持っています。


このように意味字とされる漢字に対する思いが高じて、毎年、元日には今年のテーマにしたい漢字・言葉として「今年の漢字」を筆で書いています。

これを22年続けています。

それを「年テーマ」として社内はもとより、欲しいと言われる方にお配りしており今年は２２００枚になりました。

欲しいと言われる方がおられる限り、１万枚まではお配りしようと思っています。

社内では、年テーマに思いを付け足して1年間唱和しています。
一例を挙げますと、

２０１２年 「動く」

絶え間なく動く
人が動けば店が変わる
店が動けば会社が変わる
会社が動けば夢が叶う

２０１３年 「頂く」

頂いて頂いて頂きまくれ
そうすれば自分の頂きに立てる

２０１４年「ゆたか」

大きなゆたか
小さなゆたか
楽しいゆたか
苦しいゆたか
愛するゆたか
愛されるゆたか
すべての「ゆたか」は自分が「豊か」であるかどうかだ！

２０１５年「喜び」

「喜び」それは人生最高の瞬間
「喜び」それは日々の生活の中にいつもあるがそれに気づくかどうか
「喜び」苦しみ、悲しんだ分の１０００倍以上は必ず訪れるもの

「喜び」感謝できる人には訪れる。感謝できない人には訪れない
「喜び」それがあるから人は頑張れる
「喜び」あなたの笑顔が喜びを招く
「喜び」与えられる喜びは与える喜びから生まれる
「喜び」喜べることに誇りを持つ
「喜び」年齢を重ねるごとに喜びは貴重なものになる
「喜び」食べる喜び、遊ぶ喜び、買い物をする喜び、大事な人を守る喜び、家族や大事な人がいる喜び、仕事ができる喜び、仲間がいる喜び、結果が出る喜び、夢が叶う喜び、色んな喜びがあるが、生きる喜びは別格

2016年「躾《しつけ》」

「躾」その一言が品格を高め、その一言が信頼をなくす
「躾」その動作一つが品格を高め、その動作一つが品をなくす

「躾」時には今までの常識が、非常識になるかもしれない
「躾」身に付けてこそ初めて美になり躾になる
「躾」会社の品格は、スタッフ一人一人の品格から生まれる
「躾」時にはされる側より、する側のほうがエネルギーを使うが、仲間の成長のためだ
「躾」最高のご縁は最高の躾からつながる
「躾」最高の躾に感謝できないと、身に付けることができない
「躾」最高の躾は伝えていくことで、価値がさらに上る
「躾」豊かな生活の実現のためには必ず身に付ける。感謝の気持ち感謝の気持ち

たった一文字で、自殺も防げる

◎第33話

人生、一度きり
――あとがきにかえて

人生は一度きり、そして他の誰のものでもなく自分のものです
その人生を、お互い思いっきり生きようじゃありませんか

人生は自分のものです
誰も他人の人生を独占することはできません

1日24時間

同じ人生
同じ人間
同じ人生なら、自分の人生を思いっきり楽しもうじゃありませんか
豊かな人生にしようじゃありませんか

人生は死ぬまで続くドラマです
そのドラマを面白いものにできれば、豊かな人生
そのドラマを面白いものにできなければ、寂しい人生

豊かな人生には、楽しい思い出が一杯
豊かな人生には、良かったなあという思い出が一杯
どんな思い出も一人ではつくれません
だから人を大切にしましょう

出逢いを大切にしましょう

私が生きる上での信条は「本気と感謝」。色々な人と出逢い、私の話を聞いて頂いている内に、「社長は何でも本気で取り組まれますね」と言われることが多く、中には「私も色々な社長とこれまでおつきあいしてきましたが、とても面白い。社長のお考え、経営・マネジメントの取り組みを本にしませんか」と出版を勧めてくれる方もおられました。

出版することで世の中の人のために少しでも役立つならと、まだ人生途中、修業中の身で、分不相応とは思いますが、執筆に至った次第です。

本著が皆さんの今後の人生に何らかのお役に立てば幸いです。

思いっきり生きる、楽しむ、思い出をつくる

謝辞

今から10年前の２００６年、年の瀬も押し迫った12月。

当社と同様に、ある携帯キャリアの2次代理店（当時）で日本テレメックス（大阪）の辻尾《つじお》社長、テレックス関西（神戸）の上村社長をお誘いして、3人で丹後に1泊2日のカニ旅行に行きました。

美味しいものを食べ、お酒も飲み、良い気分になった夜の9時。

連れ立って露天風呂に。

雪がしんしんと降る中、話は各々の今日に至るまでの仕事に対する思い、経験、夢にまで及び、体が火照《ほて》っては湯を出、冷えてはまた湯につかり、時間を忘れて気がつけば朝の4時。7時間。

「絶対に大きくなってやる」と決意し合いました。

それから5年間。毎年12月にはカニ旅行に行きました。

その3人が下の写真です。

3社の歩みはよく似ており、最初は取扱店（併売店）から始まり、そこから這《は》い上がりキャリアショップになり、懸命に運営してきました。

また辻尾社長、上村社長とは年齢がそれぞれ私の1歳上、1歳下ということで年代も同じ。

加えて本社が京阪神に分かれており、営業エリアもバッティングしないというのも良かったのだと思います。

（右から辻尾社長、私、上村社長）

10年前のカニ旅行をきっかけに3人が色んな意味で連携を取り合い、事業拡大をしていきました。

それぞれ色々な挑戦をし、挑戦しては、失敗し、失敗し、また失敗。お互いたくさん失敗しました。

それも共有。

そんな中に成功事例があればまた共有。

大いに語らいました。

もしこのご縁がなければ今の当社、そして今の私はありませんでした。

今でも丹後の網野で携帯ショップを1店舗だけやっている会社でしかなかったと思います。

本当に有り難いことです。

とてもこれだけで語り尽くせるものではありませんが、本書の出版に際し、改めてお2人に感謝の意を表したいと思います。

〈著者プロフィール〉
安達晴彦（あだち・はるひこ）
1965年京都府生まれ。88年大学卒業後、大阪の証券会社に勤務。92年㈱安達住設入社。96年専務取締役就任。93年峰山青年会議所（JC）入会。98年㈱テレアースジャパン設立。99年日本青年会議所JC研修プログラム推進支援委員会副委員長。2002年日本青年会議所人間力探求委員会副委員長。05年日本青年会議所近畿地区京都ブロック協議会国際交流委員会委員長。11年㈱安達住設代表取締役、㈱テレアースジャパン代表取締役就任。
1999年に作成した「心の話　聴き方研修」プログラムを全国様々な企業や商工会、青年会議所等で実施、インストラクターとして活動中。

朝礼ざんまい
人財が育つ、成果が上がる

2016年11月25日　第1刷発行

著　者　安達晴彦
発行人　見城 徹
編集人　福島広司

GENTOSHA

発行所　株式会社 幻冬舎
〒151-0051　東京都渋谷区千駄ヶ谷4-9-7
電話　03(5411)6211(編集)
03(5411)6222(営業)
振替　00120-8-767643
印刷・製本所　株式会社 光邦

検印廃止

万一、落丁乱丁のある場合は送料小社負担でお取替致します。小社宛にお送り下さい。本書の一部あるいは全部を無断で複写複製することは、法律で認められた場合を除き、著作権の侵害となります。定価はカバーに表示してあります。

© HARUHIKO ADACHI, GENTOSHA 2016
Printed in Japan
ISBN978-4-344-03038-1　C0095
幻冬舎ホームページアドレス　http://www.gentosha.co.jp/

この本に関するご意見・ご感想をメールでお寄せいただく場合は、
comment@gentosha.co.jpまで。